現代流通政策

岩永忠康・西島博樹 編著

五絃舎

はじめに

　現代の社会経済の変化に伴って流通システムは大きく変化している。現代の流通システムを変化させている背景ないし要因には，成熟化・国際化・情報化などに伴う社会経済の変化や流通における情報・物流の技術革新，さらに流通に関わる政府の政策の在り方があげられる。

　現代資本主義は，国家の計画・介入が市場経済にビルト・インされた混合経済体制として，経済・流通に対する国家の役割は極めて大きい。特に日本においては，国家（政府）が経済を積極的に介入・支援しながら発展したものであり，流通政策においても欧米諸国とは異質の流通政策として特徴づけられている。

　本書は，岩永忠康・佐々木保幸編著『現代の流通政策』の改訂版として，新たに編纂されたものであり，流通・商業に関わる流通政策の基本的な知識と考え方について考察している。特に本書は，日本の流通政策の特徴と現状を記述したうえで，アジア・ヨーロッパの流通政策の特徴や現状についても考察し，流通政策の国際比較を行っている点に特徴がみられる。

　本書は，序章のほかに3編・9章の構成になっており，そこでの基本的な内容や課題について，簡単に説明しておこう。

　序章「流通政策の基本的枠組み」では，流通政策の基本的な枠組みと考え方について考察している。

　第1編「日本の流通政策」では，日本の流通政策の特徴やその形成過程ならびにまちづくり政策を取り扱っている。まず第1章「日本の流通政策」では，経済に対する国家の役割を説明したうえで，日本の流通政策の特徴や経緯および構造体系について考察している。第2章「流通政策の形成過程」では，大店法の成立過程を通して日本の流通政策の形成メカニズムについての基本的な知

識と考え方について考察している。第3章「まちづくり政策」では，まちづくりの概念を整理しながら，これまでのまちづくり政策を時系列に捉えるとともに，商業者をベースとしたまちづくり論について言及している。

　第2編「日本の流通政策の体系」では，日本の流通政策の構造体系について考察している。まず第4章「流通競争政策」では，流通競争政策の概念を説明したうえで，その基盤となる独占禁止法の政策課題である流通系列化の問題，バイイングパワーの問題について考察している。第5章「流通調整政策」では，第一次百貨店法に始まるわが国大型店規制政策の変遷について概観しながら，流通調整政策の展開を具体的に考察し，消費者利益との関連，さらには大規模小売店舗出店の現状からその必要性について考察している。第6章「流通振興政策」では，流通振興政策の概念と経緯を説明したうえで，流通近代化政策・流通システム化政策ならびに中小小売商業振興法を中心として中小小売商業振興政策について考察している。

　第3編「世界の流通政策」では，アジアの中国・韓国の流通政策ならびにヨーロッパのフランス・イギリスの流通政策の特徴と現状について考察している。そのうち第7章「アジアの流通政策」のなかで，第1節「中国の流通政策」では，改革開放後の流通政策の変遷および現代の中国の流通近代化の特質と課題を概観し，さらに急成長する中国電子商取引の実態と政策を取り上げる。第2節「韓国の流通政策」では，流通政策の変遷を概観した後，流通産業発展法を中心とする流通政策，農安法を中心とする農産物流通政策について考察している。第8章「ヨーロッパの流通政策」のなかで，第1節「フランスの流通政策」では，経済政策的な領域とは別の社会政策的な流通政策について，フランスの施策を取り上げて解説している。第2節「イギリスの流通政策」では，都市政策の一環として位置づけられる小売商業政策（小売立地政策）の基本理念を確認したうえで，その実践としてのタウンセンターファースト政策について考察している。第9章「流通政策の国際比較」では，流通政策を国際比較する際の方法や課題を整理し，次に流通政策の2つのタイプを提示し，フランス他先進資本主義国の流通政策について解説している。

　本書は，岩永・佐々木編著『現代の流通政策』に発表した以下の論文がもとになっている。章によっては，その内容を再点検・再構成して大幅に加筆修正が加えられている。

序　章「流通政策の基本的枠組み」（岩永 忠康）

　岩永 忠康・佐々木 保幸編 (2013)『現代の流通政策』五絃舎〈第 1 章所収〉

第 1 章　日本の流通政策（岩永 忠康）

　岩永 忠康・佐々木 保幸編 (2013)『現代の流通政策』五絃舎〈第 2 章所収〉

第 2 章　流通政策の形成過程―大店法の事例（岩永 忠康）

　岩永 忠康・佐々木 保幸編 (2013)『現代の流通政策』五絃舎〈第 3 章所収〉

第 3 章　まちづくり政策（柳 純）

　書き下ろし

第 4 章　流通競争政策（岩永 忠康・國﨑 歩）

　書き下ろし

第 5 章　流通調整政策（真部 和義）

　岩永 忠康・佐々木 保幸編 (2013)『現代の流通政策』五絃舎〈第 5 章所収〉

第 6 章　流通振興政策（岩永 忠康）

　書き下ろし

第 7 章　アジアの流通政策

　第 1 節　中国の流通政策（柳 偉達）

　　書き下ろし

　第 2 節　韓国の流通政策（田村 善弘）

　　書き下ろし

第 8 章　ヨーロッパの流通政策

　第 1 節　フランスの流通政策（佐々木 保幸）

　　書き下ろし

　第 2 節　イギリスの流通政策（西島 博樹）

　　書き下ろし

第9章　流通政策の国際比較（佐々木 保幸）
岩永忠康・佐々木保幸編（2013）『現代の流通政策』五絃舎〈第12章所収〉

　本書は，流通政策を勉強するための入門書ないし講義用のテキストとして作成したものである。特に，大学の新入生や社会人向けに流通政策を専門的に研究するうえで基礎的な知識や理論を解りやすく解説・説明したものである。

　なお，本書は，入門書・テキスト用として作成したので，本文の表現は平易で分かりやすく，最初の本章ポイントの表現，最後の引用文献等の表記等は統一をはかった。

　また，本書の論文は，編者をはじめ各執筆者によって，疑問点の指摘や修正等の査読プロセスを経て，掲載にいたっている。すべての論文が査読を受けたうえで掲載された論文である。

　この出版の企画に賛同し快諾して頂き，おりしも新型コロナウイルスの流行の中で日常生活や大学業務・講義の刷新を迫られた厳しい状況にもかかわらず貴重な論文をお寄せ頂いた執筆者諸氏に対して，心から敬意と謝意を表したい。

　最後に，最近の厳しい出版状況の中にあって，本書の出版を快く引き受けて頂き，格別のご配慮とお手数を煩わせた五絃舎社長：長谷雅春氏に対して，執筆者を代表して心よりお礼を申し上げます。

2020年8月9日

執筆者代表　岩永 忠康

目　　次

序　章

流通政策の基本的枠組み

本章の構成

本章のポイント

　現代の流通システムは、成熟化・国際化・情報化に伴う社会経済の変化や情報・物流の技術革新，消費者行動の変化等によって大きく変化している。それに伴って流通に関わる政府等の政策の内容や在り方も変化してきている。本章は，流通政策の基本的な枠組みと考え方について学習する。

○第1節　流通政策の概念とその背景基盤について学習する。

○第2節　流通政策の形成要因とその政策主体の行動や動機について学習する。

○第3節　流通政策の目標とその価値基準について学習する。

○第4節　流通政策の構造体系と課題について学習する。

第1節　流通政策の概念

1.　流通政策の概念

　流通政策は流通を対象とする**公共政策**である。この定義の含意するところは，第1に流通政策は経済の部分領域である流通を対象とするものであり，第2に流通政策は公共政策の部分領域である（鈴木 1998, p.1）。そこで，この流通政策の概念規定そのものについて考察を加えておこう。

　第1の政策対象としての流通についてみると，**流通**は商品の生産から消費にいたる継起的段階であり，商品が生産者から消費者へ移転する現象ないし活動である。これを機能的視点からみると，流通は商品の生産と消費との間の懸隔を人的，場所的・時間的に架橋する活動といえる。この流通は，人的懸隔の架橋に焦点を合わせれば，商品の所有名義ないし所有権の移転に関わる**商的流通**（取引流通）であり，場所的・時間的懸隔の架橋に焦点を合わせれば，商品の運送・保管に関わる**物的流通**に区分できる。したがって，流通政策の対象は商的流通と物的流通を含むものである（鈴木 1998, p.3）。

　流通は，多くの生産者によって生産された多種多様な商品を多くの消費者の需要に対応させるという商品需給調整の役割を担っている。この流通は，商業等や流通機構によって遂行される活動としての社会的機能（役割）に注目する機能的視点に立脚した行動的側面，また生産者と消費者との間に卸売業者や小売業者が継起的・段階的に介在し流通機能を担当する制度体（組織体）に注目する制度的視点に立脚した構造的側面の2つの側面から捉えることができる（鈴木 1998, p.4, 岩永 2009, pp.10-11）。

　ともあれ，流通政策は，流通の機能的・制度的視点の両者を含む**流通システム**を対象としたものである。したがって，流通政策は，生産と消費との間の懸隔を架橋して商品の効用を高める経済活動としての機能的視点とともに，このような流通機能を担当する商業や生産者の販売活動などの制度的視点も政策対象としている（鈴木 1998, p.4, 岩永 2009, pp.10-11）。

　第2の公共政策としての流通政策についてみると，**政策**は，特定の目標を実現するための手段の決定についての指針や方策である（鈴木 1998，p.1）。さらに限定していえば，政府等によって採用される問題解決のための基本指針とその方針に沿って採用される解決手段の体系である（真山 2001，p.42）。

　このような政策は，その政策主体（アクター）によって，国家等による財政政策・物価安定政策・金利政策といった公共政策と，個別経済主体である私企業による経営戦略やマーケティング戦略といった企業政策とに大別される。一般的に，公共政策は，国家とりわけ中央政府によって遂行され，**公共の利益**すなわち社会全体の利益に寄与することを目的とした政策を意味している（鈴木 1998，p.1，岩永 2009，p.11）。

　一般に，国家（政府）は，合理的な第三者ないし中立的調停者としての政策主体と考えられ，しかも国家機関は立法府・行政府・司法府などに分かれて独自の役割をはたしている。さらに，公共政策を遂行する行政府についても各省に分かれて独自の行政を遂行している。つまり日本の行政府は，決して一枚岩ではなく，いわば**縦割り行政**として各省や部署においてさまざまなスタンスのもとで公共政策を遂行している（岩永 2009，p.12）。

　公共政策は，その政策主体・対象・目的等によって，経済政策・社会政策・文化政策・環境政策・防衛政策・厚生政策等さまざまな政策に分かれている。そのうち経済政策は，生産を対象とする生産政策，流通を対象とする流通政策，消費を対象とする消費（消費者）政策などに区分される（鈴木 1998，p.2，岩永 2009，p.12）。

　このうち流通政策は，公共政策のうち経済の部分領域としての流通を対象とする政策である。したがって，流通政策は，経済領域の流通部門において生起する諸矛盾ないし諸問題を解決するために，公共の利益の実現を目的として，政府によって策定される経済政策であり，一部には社会政策も含んでいる（岩永 2009，p.12）。

　なお，流通政策と**商業政策**との関係については，両者を同一視する捉え方があるが，厳密にいえば，流通政策には，卸売業・小売業等の商業のみならず生

産者の販売活動や物的流通活動も政策対象に含まれる。これに対して，商業政策は，卸売業や小売業など商業そのものを政策対象とするものであり，流通政策ほどの政策領域の広がりはなく，いわば流通政策の部分領域であり，その意味では狭義の流通政策といえよう（鈴木1998，pp.2-3，岩永2009，p.13）。

2. 流通政策主体としての国家

　資本主義経済は，市場経済に基づく自由な経済活動を基本理念として，契約の自由，所有権の自由，人格の平等などを基本原則としながら自由な経済活動を最大限に保障する体制である。そこでは，資源配分についての意思決定が個別の私的目標を追求する経済単位によって分散的に行われ，それらの個別的意思決定が市場機構を通じて相互に調整される仕組みになっている（村上・熊谷・公文1973，p.252）。

　国家ないし政府の活動は，資本主義経済が市場経済に基づく自由な経済活動を基本原則とする限り，国防・治安や公共事業などの一部の経済活動を除いて，市場経済の制度的枠組みの形成と維持に関する活動に限定されていた。その意味では，国家の活動は経済に対して極めて受動的かつ消極的なものであった。現実には近代資本主義を成立させた先発資本主義国としてのイギリスを中心に展開された18世紀の国家の経済に対する役割があげられる。

　他方，後発資本主義国としてのドイツや日本などに展開された国家の経済に対する役割もあげられる。例えば，日本においては**殖産興業**の旗印のもとに，国家（政府）が産業政策のもとに経済発展の推進者ないし支援者として積極的に経済活動に介入した。その場合，国家（政府）は，個々の産業や企業の自由な活動を奪うことなく，産業や企業の経済活動に介入し，経済を望ましい方向に導くと同時に経済に対する介入が極めて直接的なものであった（岩永2009，pp.13-14）。

3. 流通政策の背景基盤

　現代の資本主義経済は，市場経済に基づく経済活動が国家の介入を制度化し

た**混合経済体制**として特徴づけられている。この体制のもとでは，公共部門の活動が市場機構と並んで，国民経済において大きな比重を占めるようになっただけでなく，政府の介入・規制ないし計画化としての公共部門の活動が市場機構にビルト・インされ，市場機構それ自体が大きな変容を遂げるようになったのである（上野 1988, p.83）。

　その背景には，資本主義経済の発展過程において資本と生産の集積・集中に基づいた寡占化が進展し，寡占企業による市場支配やカルテル的な協調関係が形成されるなど市場競争が制限された。それによって市場の自動調整作用が十分に機能しなくなり，いわゆる「**市場の失敗**」が発生したからである。したがって，国家（政府）にとっては，市場の失敗を解消しながら資本主義経済の均衡的な発展や安定をはかることが不可欠な課題となったのである（鈴木 1998, p.6）。

　ともあれ，流通政策を含む経済政策は，このような混合経済体制の下での市場機構に内部化された政府の公的介入による政治的調整措置として，市場の失敗を解消しながら資本主義経済の均衡的な発展や安定を担っているのである。

　なお，流通政策の対象である流通における市場の失敗は，生産と消費を媒介する**流通の社会的機能**が有効に遂行できないような事態であり，それは技術革新に基づく生産構造の変化や消費者の価値観・ライフスタイルの変化に基づく消費構造の変化といった，流通を取り巻く環境要因の変化に対する流通部門の適応の遅延性や困難性から発生している。また，流通部門それ自体の内部に起因する種々の支配・拘束システムや不合理な取引関係ならびに取引慣行などによって，流通部門での競争が著しく歪められていることにも起因している（鈴木 1998, p.6）。

　したがって，流通政策は，経済の流通領域において生起する諸矛盾ないし諸問題を解決するために，政府によって策定され遂行される経済政策であり，その一部は社会政策や総合政策の領域にまで及んでいる。なお，流通政策の当面の課題は，まず現実の流通部門において生起する当面の諸矛盾ないし諸問題を解決することにある。さらに現実の流通部門に対してより広範な視点から新た

な流通部門あるいは流通システムを方向づけることも重要な政策課題となっている。

第2節　流通政策の形成メカニズム

1.　政策形成の規定要因

　既述のように，流通政策は公共政策の一環として流通部門において生ずる諸矛盾ないし諸問題を解決するために，政府によって策定され遂行される社会経済政策である。この流通政策を形成する規定要因は，流通を取り巻く生産構造や消費構造の変化ならびに流通内部に起因する**流通問題**の発生といった社会経済的要因とともに，この流通問題に対する利益集団の対応に対して流通政策の形成や政策実践に圧力をかける政治家（政党）ならびに官僚（行政官僚）の行動といった政治的要因があげられる。

　換言すれば，流通政策は，流通を取り巻く生産構造・消費構造や流通構造など経済的条件ならびに政策形成や政策実践に圧力をかける各種利益集団やそれに対応する政府（政治家や官僚）などの政治的条件といった，その時々の経済的・政治的な状況を反映し，流通問題に対する政府（政党や行政官僚）の姿勢や行動に規定されながら形成される（鈴木 1985，pp.203-204）。したがって，流通政策は，「利益集団－政党－行政官僚」という政策主体間による行動過程を通して形成されるのである。

　そこで，利益集団，政治家（政党），官僚（行政官僚）の基本的な行動パターンをみると，利益集団は，業界団体や事業者団体あるいは全国的な政治組織によって組織化をはかり，資金や票をリソースとして，官僚（行政官僚）との定期的な接触，政治家（政党）との接触，頂上団体の形成と官僚との制度的関係（審議会への参加）などを通じて政党や行政官僚に働きかける。次に政治家ないし政党は，自己の再選に必要な得票や資金をこれらの支持母体である利益集団から受け取るとともに，その利益集団の代理人として行政官僚に対して法律や通達のなかにその要求を盛り込むように圧力をかける。さらに官僚（行政官僚）

は，出世と予算の最大化に必要な情報や天下りポストをこれらの利益集団から受け取るとともに，その要求を代弁する部局や機関（審議会など）を設置したり，金融や税制上の優遇措置をとるのである（大山 1986, p.55）。

2.　政策形成の政策主体

（1）政治家ないし政党

　現代の国家機構（広義の行政）において，政策の決定は立法府としての国会，政策の実施は行政府（狭義の行政），政策の維持・評価は司法府という三権分立を基本に運営されている。このうち流通政策を含む経済政策に関する基本的決定は，立法府としての国会（政党ないし政治家）によって行われるが，実際には国会（議会）による民主的な政策決定を困難[1]にしている。

　したがって，立法府である国会（議会）が国民の意思や欲求を反映する政策決定機構として機能しえなくなったことから，現実的な政策決定においては，国会ないし政治家（政党）が政策の大枠を定め，行政官僚によって立案されたものに若干の修正を施し承認することで精一杯である。そこで，その具体的な執行や解釈は，ほとんどが専門的な行政官僚に委ねざるをえなくなっている（鈴木 2002, p.14）。

（2）官僚ないし行政官僚

　公共政策は，国家（政府）が公共の利益の実現を標榜して市場経済に介入して自律性を発揮する過程として捉えられる。この場合，国家と市場を媒介するものが官僚（行政官僚）である。つまり，公共政策は，国家と市場との関係を通して両者のインターフェイスたる官僚において，具体的な形となって現れるのである（内山 1998, p.10）。

　現代の複雑多岐にわたる経済の諸問題に対しては，立法案や政策案の作成のみならず包括的な施政方針や行政方針すら，その原案のほとんどが行政官僚の手によって作成されているのが実情である。この原案は，政府や与党あるいは諸審議会の審議や賛同をへて，正式に閣議で決定され，最終的に国会に提出されて決定される。したがって，現実的な政策決定においては，ほとんどが専門

的な行政官僚によって行われている。流通に関する政策決定過程においても，行政機関である官僚（行政官僚）が極めて大きな影響力を発揮している（鈴木 2002, pp.14-15）。その意味では，官僚が現実の政策形成に最も規定的な影響を与える実質的な政策主体といえよう。

(3) 利益集団

利益集団は，共通の利害関係をもつ人々の集団である。この利害関係は，特に「同業者の集団」を表すことがあり，共通の職業上の立場と関心をもつ人々の集団が利益集団の典型的なものと考えられている。この利益集団が利害関係に沿って組織され団体となったものが**利益団体**とも呼ばれており，わが国ではこの利益団体の組織化は非常に多い（辻中 1988, pp.17-19）。

わが国の利益団体の多くは，日常的には政治の舞台の外で，構成員の経済的利益の擁護と増進のための業務を担っている。しかし，いったん政治的な行動や活動が要請されるときには，**圧力団体**として機能するのである。そこに，日本型圧力団体の現実的な意味合いがあるといえよう（正村 1979, pp.91-98）。

現代の社会システムは，自由な活動と参加が政治・経済のなかに組み込まれた民主主義体制である限り，利益集団が自らの利益を求めて行動する，いわば利益集団の利害関係に関わる経済的・政治的行動を保障する社会システムとして捉えられている。そのために，利益集団は，社会経済の変化や社会集団の利益を政府（国家）へ伝達し，他方では政府の意思や情報を社会に反映させ統制していくという，いわば社会過程と政治過程を結び付ける役割をはたしている（辻中 1988, p.4）。したがって，利益集団は，自己の私的な利益を増進しようと政治的資源を用いて，自己に有利になるように政府に対して働きかける。その意味では，理念はともあれ，現実には流通政策それ自体が利益集団（圧力団体）の意思を反映したものになっている。

敷衍すれば，利益集団は，単に社会過程のレベルで相互に働きかけあるいは事業者団体を組織して社会的に影響力を発揮するだけではなく，情報交換や政治献金，選挙での票田などを交換材料として，日々の政策形成において具体的な提案や反対意見を提示することによって自らの利益を実現しようとするので

ある（辻中 1988，p.14）。

　ともあれ，公共政策の政策形成過程は，利益集団が自己に有利な政策の実現をめざして圧力をかけ，政治家が得票や献金の増大を期待してそれに応え，官僚が情報収集ないし権限拡大をめざして対処するなど，これらの相互作用として捉えることができる。

3.　政策形成の動機

　公共政策の政策形成過程は，現実に生起している経済問題に対処するために，各政策主体が国民や関係者の利益と理念を指向して活動ないし対応している。その意味では利益と理念が政策形成の基本動機となっている。

　公共政策の形成過程における利益には私的利益と公共の利益が考えられ，そのうち私的利益には，富・権力・名声・自己擁護といった利益があげられる。具体的には，利益集団である企業や団体にとっては利潤追求や団体擁護，政治家にとっては得票や献金の増大を通して再選や党内競争での勝利，官僚にとっては情報収集ないし権限拡大を通して出世や天下りポストなどがあげられる。

　もともと政治家や官僚は，国民や関係者の公共の利益を実現することに自己の責務として認識して活動している。この場合，公共の利益を実現するための具体的な目標や指針が**政策理念（アイデア）**である。したがって，政治においては，私的利益だけでなく公共の利益の手段としての政策理念のもつ影響力も極めて大きい（内山 1998，p.42）。

　なお，政府の政治活動においては，単一の政策主体によって意思決定が行われるのでなく，省庁（行政官僚）間の対立，政党間の対立，行政官僚と政党の対立などにみられるように，政策主体も多元的なものになっている。したがって，公共政策は政策主体間の利益と政策理念の実現をめぐる相互作用として形成されるのである（内山 1998，pp.41-44）。

　ともあれ，公共政策は，各種利益集団（圧力団体）が自分たちの利益を増進しようと政治的資源を用いて，自己に有利になるように政府（政治家や官僚）に対して働きかけるという利益集団相互の駆け引きを通じて決定される。その

意味で，政策形成過程は，各種利益集団の調整過程ないし均衡過程として把握される（内山 1998, pp.41-44）。

第3節　流通政策の目標と価値基準

1. 経済政策としての流通政策の目標

　流通政策が経済政策の部分領域であるかぎり，流通政策の目標は経済政策の目標 [2] と整合しなければならない。アロー（K.J.Arrow）は，経済政策の目標として経済安定，**資源配分の効率化**および分配の公正の3つをあげている（アロー 1977, p.160）。

　今日の経済政策は，現実的には極めて複雑多岐にわたる政策目標を達成する課題を担っているが，それらは必ずしも同等のウエイトをもつだけでなく，トレード・オフの関係も存在している。流通政策が経済政策の部分領域であるかぎり，流通政策の目標は経済政策の目標と整合的でなければならない。したがって，流通政策においても経済政策の諸目標のうち，資源配分の効率化および分配の公平ないし公正といった政策目標ないし政策課題が重要視されなければならない。

　一般に，効率の達成と公平ないし公正な分配の実現という目標間には，トレード・オフ関係にあるが，それにもかかわらず効率を高めることは，公平な分配を達成するための前提として極めて重要である。いうまでもなく，資源配分の効率を高めるためには，競争的市場の存在が前提条件となっており，同時にまた競争的市場は結果的に公正な分配をもたらす。例えば，流通部門での競争促進による流通の効率化によって，流通費用の引下げによる消費者利益がもたらされ，また流通部門での競争効果によって流通担当者間での公正な資源配分が実現されるであろう。

　したがって，市場競争を維持・促進することは，独占的な種々の特権や競争制限的な既得権を否認し参入障壁を除去することにより，資源配分の効率を高め，また分配の公正を達成するためにも極めて重要である。要するに，市場競

争は，資源配分の効率化ならびに公正な分配を実現するための有効な条件である。流通政策の目標もまた，基本的には，市場競争のもつこのような役割を肯定し，競争条件の維持・確保をめざすものでなければならない（鈴木 1998, pp.12-13, 岩永 2009, pp.19-20）。

2. 流通政策固有の目標

　流通政策は経済政策の部分領域であるが，流通政策に固有の政策目標も存在している。それは，流通領域によって遂行される流通活動の社会的経済性が実現されることである。この**流通活動の社会的経済性**は，社会的視点から流通活動の存在意義を捉えようとするものであり，流通企業ないし流通機構によって遂行される流通活動の社会的貢献度に注目した概念である（鈴木 1998, p.14）。

　この流通活動の社会的経済性を実現するためには，第1に需要に適合した供給のための最適な流通機能の遂行を確保することであり，第2に流通活動の合理化が実現されることである。その条件を実現するためには，第3に経済政策目標としての市場競争秩序が確保されなければならない。要するに，流通政策においては，商品の最適な需給調整，流通活動の合理化，流通部門における競争秩序の確保といった目標が基本となる（鈴木 1998, p.14）。

　このような流通活動の社会的経済性の概念は，**社会的効率性**と**社会的有効性**という2つの目標理念に大別される。流通活動の社会的効率性の目標理念は，社会的な流通機能の効率化であり，流通機能の向上による社会的流通費用の節約によって消費者価格の引下げを実現することである。他方，流通活動の社会的有効性の目標理念は，流通領域における競争を促進することによって，商品選択機会の拡大，労働力資源の配分の効率化，安定的商品供給を実現することである（鈴木 1998, p.15）。

　流通政策の基本的な目標理念である流通活動の社会的経済性は，経済の最終目標が消費者の利益である限り，現実的目標として消費者優先の視点に立つものでなければならない。そのために当面の政策目標ないし政策課題としては，第1に流通部門の合理化によって社会的流通機能の向上をはかること。第2

に流通部門における競争制限性ないし閉鎖的な取引関係や取引慣行を除去することによって，消費者の商品選択の幅を拡大すること。第3に企業の価格競争回避志向を打破することによって，消費者価格を弾力的なものにするとともに高い物価水準を引下げること。第4に合理化志向あるいは効率化志向を企業に定着させながら，流通部門における利害調整をはかることなどがあげられる（鈴木1998, pp.14-16）。

3. 流通政策の目的と価値基準

　流通政策の目的は，流通政策の目標を実現するための流通の「望ましい状態」を達成することにある。流通の望ましい状態の価値基準は，生産と消費の間の懸隔を架橋するという流通活動の社会経済的機能が効率的かつ有効的に発揮されているかどうかにある。いいかえれば，流通の社会的経済性としての社会的効率性と社会的有効性といった2つの目標理念が実現されるかどうかということである。

　この望ましい流通のあり方を規定する価値基準としては，社会的効率性として流通生産性ならびに社会的有効性として取引便宜性・配分平等性・競争公正性があげられる。さらに外部経済効果という社会的価値基準として社会環境保全性・都市機能などがあげられる（岩永2009, p.21）。これらの価値基準に基づく政策目標は，以下の通りである（岩永2009, p.22, 渡辺2016, pp.25-27）。

①流通生産性

　これは，流通システムにおける一定期間の産出量に対する生産資源の投入量の比率のことである。生産性が高まれば単位当たりの流通コストは低下する。

②取引便宜性

　これは，売手と買手，特に生産者の販売や消費者の購買にとって便利で快適な取引ができることである。一般に必要な商品が必要な場所・時間・数量において適正な価格で売買できることである。

③配分平等性

　これは，流通システムにおける効用の増加分や価値を貢献度に応じて関係者

の間に平等・公平に配分することである。

④競争公正性

これは，流通システムを構成している各機関間の取引において公正で自由な
競争が行われるようにするとともに，そうした競争を促進することである。

⑤社会環境保全性

これは，生産者等のマーケティング活動が消費欲求を喚起することによって
大量の廃棄物を発生させたり，小売商業施設や物流センター等の立地によっ
て交通混雑・騒音や廃棄物を増大させることに対して，生産資源の浪費や自
然環境の破壊を防止しようとする,いわば外部不経済を緩和することである。

⑥都市機能

これは，流通業とりわけ小売業の活動は都市機能に対して外部経済や外部不
経済などの影響を及ぼしている。例えば, 小売業は買い物の場だけではなく，
都市の文化的行事や娯楽・にぎわい・コミュニケーションの場といった多種
多様な機能で地域社会・文化に貢献するとともに，廃棄物・交通混雑・騒音
などのマイナスの影響も及ぼしている。そのために外部経済の面を促進し，
外部不経済の面を緩和することである。

第4節　流通政策の構造体系

1.　流通政策の構造体系

　国家の政策的関与は，資本主義経済が市場経済に基づき自由な経済活動を保
障する体制である限り，市場における売買の自由という制度的枠組みの維持な
らびに流通領域の一般的な基盤を整備することによって資本主義体制を維持す
ることにあるといえる（加藤 1986, p.136）。

　現代資本主義経済は，混合経済体制と呼ばれ，政府の介入・規制が市場機構
にビルト・インされ，それによって市場機構ならびに市場のもつ調整機能が大
きく変容している。そのために，流通政策は，政府の介入・規制として，市場
機構の有効性を維持しながら市場の失敗に対応するとともに，市場機構を補完

する政治的調整機構として重要な役割を演じているのである。

　流通政策は，流通活動に対する介入の在り方によって２つに分けることができる。１つは，流通領域における制度的枠組みの維持やその基盤整備をする流通の外的形式面への介入である。これは，市場経済における私的所有と契約の自由に基づく売買の自由を保障する流通の外的形式的枠組みを維持したり，流通領域の一般的な基盤を整備したりすることを主要な課題としている。具体的には，市場競争が有効に機能する流通競争政策の基盤となる独占禁止法をはじめ，それを支える物流基盤の整備，都市開発，商業立地基盤の整備があげられる。

　もう１つは，流通の内的活動面への介入であり，国家による国内外市場の創出や商業活動への直接的な介入である。具体的には，中小商業の保護育成のための振興政策ならびにそれを補完する大規模小売店への規制など，商業活動に直接介入・規制するものである（佐々木2013，p.190）。

　流通政策の構造体系[3)] の１つのモデルとしては，市場競争の維持・促進に関わる**流通競争政策**をベースに，それを補完する流通振興政策や流通調整政策などがあげられる。このうち流通競争政策は，現代の資本主義経済における市場機構の麻痺を政策によって競争的市場機構に回復し，資本主義経済本来の市場競争を復活させることにあり，それに関する法律には，独占禁止法やその関連法があげられる。

　次に**流通振興政策**は，流通において競争主体の競争力を強化し，その効率や経営能力を向上させ，競争主体の環境変化への適応を促進ないし援助し，絶えざる競争構造の変化に対して適応させようとする政策である（鈴木1998，p.9）。具体的には，旧通商産業省によって推進された流通近代化政策・流通システム化政策や**中小小売商業振興法**に基づく中小小売商業振興政策などがあげられる。

　さらに**流通調整政策**は，資本主義の競争過程で必然的に経済の格差や規模の格差を生み出すが，流通部門における競争主体間に発達速度の不均衡が生じたときに，発達速度の早い経済主体に制限を加え，その速度を調整することによって流通システムの均衡をはかる政策である（久保村1982，p.51）。特に特定の経済主体を規制・抑制することから抑制的流通調整政策ともいわれている（石

（原 1993, p.81）。具体的には，戦前・戦後の百貨店法や大規模小売店舗法など
があげられる。

　そこで，国別に流通政策体系を概説してみると，前者の流通の外的形式面へ介入する流通政策は，イギリスをはじめドイツ・アメリカなどがあげられる。イギリスは，「都市・農村計画法」の下で，市場競争原理を重視して流通活動の内面への介入が控えられているが，小売商業政策は都市政策の枠内で講じられている。

　これに対して，後者の流通内的活動面へ介入する流通政策は，フランス・日本などがあげられる。フランスは，「ロワイエ法」・「ラファラン法」の下で，都市政策との関連を重視しながら，商業活動への直接介入が行われている（佐々木 2013, pp.190-192）（詳細は第 3 編を参照）。

2．流通政策の課題

　流通政策は，市場の失敗を矯正するために政府による流通部門への介入として捉えられているが，現実には市場の失敗が存在するように政府の失敗も存在している。その理由として，第 1 に市場の失敗の受け入れ方や程度の判断基準について明確な認識が得られていない。第 2 に政策目標がトレード・オフの関係をもつこともあり，矛盾することが避けられない。第 3 に政策手段はしばしば「両刃の剣」であり，介入手段の有効性が問われるなどがあげられる（渦原 2002, p.31）。

　さらに，現代の混合経済体制は，政府の活動が政治経済の仕組みによって既得権化するだけでなく，政府介入がさらに政府介入を招くという制度的連関の形で政府の活動領域が拡大し，その過程でレントを生み出し**レント・シーキング**の問題が発生している。そうなってくると，流通政策においても，本来の公共の利益に奉仕しているのか，特定の利益集団に貢献しているのか，その区別が難しくなってくる。また，そのためにコストが著しく増加し，税金の浪費にもつながる（岩永 2002, pp.171-173）。したがって，流通政策は市場の失敗を矯正しながら政府の失敗も最小限にするように努めなければならない。

　ともあれ，流通政策の目的は，流通部門における市場の失敗を政府の公的介

入によって調整し，市場における自由な競争を維持することにあるといってよい。したがって，流通政策は，あくまでも競争的市場機構を正しく補完しうる場合のみ是認されるのであって，万一，流通政策の実施によって，現実の市場機構の資源配分機能に任せた場合よりも効果が劣っている場合は，流通政策を解除ないし緩和しなければならない（小林 1984，p.157）。

　最近の流通政策の潮流は，公的介入ないし規制を緩和することによって市場における競争原理を重視し，競争による経済の活性化に基づき国際化に対応しつつ消費者の利益を促進する方向を目指している。

注

1）その理由としては，第1に，立法府としての国会やそれを構成する政治家（政党）は，著しく多岐にわたって専門化した政策案の細目までを決定することは不可能である。第2に，政治家（政党）は，国民の要求を反映した政策決定をしなければならないが，実際には次回の選挙での当選や政界における自己の地位向上といった利己的動機によって行動することが多く，政治家が広く国民の意思や要求を反映した政策決定を行うことは不可能になっている（鈴木 2002，p.14）。

2）例えば，カーシェン（E.S.Kirchen）は完全雇用，物価安定，国際収支の改善，生産の拡大，生産要素の配分の改善，社会的必要の充足，所得と富の配分の改善，特定の地域および産業の保護育成，個人消費のパターンの改善，供給の確保，人口の大きさおよび人口構成の改善，労働時間の短縮の12項目をあげている（E. S. Kirchen & others 1964，pp.5-6．渡部監訳 1965，pp.10-17）。

　　また，ボウルディング（K. E. Boulding）は，経済的進歩・経済的安定・経済的正義・経済的自由といった4つの経済政策の目標をあげている（K. E. Boulding 1964，pp.19-20，内田監訳 1983，pp.20-21）。

3）流通政策体系の諸見解

　　日本の流通政策体系は，国家行政組織「中央省庁再編関連法（1999年制定，2001年1月施行）」に基づく行政官僚によって遂行される流通政策体系があげられるが，研究者によって諸見解がみられる。その代表的なものとして田島義博，石原武政，渡辺達朗の見解をあげておこう。

　（1）田島義博は，政策対象と政策目的の2つの基準の組み合わせによる分類，以下のように一般的流通政策と商品（業種）別流通政策に分類している。

表序－1　政策対象・目的に基づく体系化

一般的流通政策
　①流通基盤政策→流通にかかわるインフラストラクチャーの整備，主なものとして
　　　　　　　　情報システム化の推進，物的流通活動に関わる基盤整備である。
　②競争秩序政策→流通部門における競争秩序の維持，独占禁止法といくつかの関連法
　　　　　　　　を根拠として推進されている。
　③流通近代化政策→流通システム化に関する政策，中小小売業の近代化に関する政策，
　　　　　　　　　商業立地の適正化に関する政策などを含む。
　④出店調整政策→大規模小売店舗の出店に対する規制である大規模小売店舗法などが
　　　　　　　　ある
　⑤人材育成政策
商品（業種）別流通政策
　①市場法による中央卸売市場や地方卸売市場
　②食糧管理制度
　③酒類販売免許制度
　④薬局適正配置制度
　⑤揮発油販売法
　　なお，商品別流通政策は，それぞれの固有の目的をもった産業政策の中で，付随的
　にそれぞれの産業の流通過程に国が介入しているものであるが，本来的な目的を逸脱
　して，参入規制的に機能している例が少なくない。

出所：田島 1992，pp.174-180

(2) 石原武政は，政府の介入の方法や程度によって，統制・禁止・振興・調整の4
　　つに分類している。

表序－2　政府の介入の方法・程度に基づく体系化

統制
　全面統制（例，食糧管理法）
　部分統制（例，中央卸売市場，公設小売市場）
禁止
　包括禁止（例，独占禁止法）
　特定禁止（例，不公正な取引方法の特殊指定）
振興
　個店振興（例，診断，融資）
　集団振興（例，VC，商店街振興，地域商業近代化，融資）
調整
　抑制調整（例，百貨店法，大店法，商調法）
　事業許可（例，薬事法，揮発油法）

出所：石原 1989, p.215, 表 6-1

18

(3) 渡辺達朗は，3つの政策方法に基づいて，7つの分野での具体的な政策を展開している。

表序 -3　流通政策の方法に基づく体系化

（政策方法）　　　　　　　　　　　（政策分野）

禁止型政策

振興型政策

調整型政策

①競争の維持・促進に関する政策（競争政策）

②流通活動の振興に関する政策（振興政策）

③商業を軸にしたまちづくりのための政策

④消費者保護のための政策

⑤流通基盤の整備に関する政策

⑥需給調整のための参入規制・営業規制

⑦流通活動の調整に関する政策（調整政策）

出所：渡辺 2016, p.30,　図表 2-1

参考文献

1)　石原 武政（1989）「商業政策の構造」石原 武政・池尾 恭一・佐藤 善信著『商業学』有斐閣

2)　石原 武政（1993）「流通調整政策」鈴木 武編『現代の流通問題―政策と課題―』東洋経済新報社

3)　岩永 忠康（2002）「政策決定における利益集団」鈴木 武・夏 春玉編『現代流通の構造・競争・行動』同文舘

4)　岩永 忠康（2009）『現代日本の流通政策―小売商業政策の特徴と展開―』創成社

5)　上野 裕也（1988）『競争と規制―現代の産業組織―』東洋経済新報社

6)　渦原 実男（2002）「流通部門と政府の役割」鈴木 武・夏 春玉編『現代流通の構造・競争・行動』同文舘

7)　内山 融（1998）『現代日本の国家と市場』東京大学出版会

8)　大山 耕輔（1986）「官僚機構―大型店紛争における通産省・商工会議所の『調整』行動―」中野 実編『日本型政策決定の変容』東洋経済新報社

9)　加藤 義忠（1986）『現代流通経済の基礎理論』同文舘

10) 久保村 隆祐（1982）「流通政策の目的・体系・研究」久保村 隆祐・田島 義博・森 宏『流通政策』中央経済社

11) 小林 逸太 (1984)「成熟経済と新産業政策」野尻 武敏・長谷川 啓之・永安 幸正編『転換期の経済政策』中央経済社

12) 佐々木 保幸 (2013)「流通政策の国際比較」岩永 忠康・佐々木 保幸編『現代の流通政策』五絃舎

13) 鈴木 武 (1985)「流通政策の日独比較」E．バッツァー・鈴木 武編『流通構造と流通政策―日本と西ドイツの比較―』東洋経済新報社

14) 鈴木 武 (1998)「流通政策の概念と目標」鈴木 武・岩永 忠康編『現代流通政策論』創成社

15) 鈴木 武 (2002)「現代流通の位置づけと特性」鈴木 武・夏 春玉編『現代流通の構造・競争・行動』同文舘

16) 田島 義博 (1992)「日本の経済政策に占める流通政策の位置」E．バッツァー・H．ラウマー・鈴木 武編『現代流通の構造・競争・政策―日本とドイツの比較―』東洋経済新報社

17) 辻中 豊 (1988)『利益集団』東京大学出版会

18) 正村 公宏 (1979)「経済政策の改革と圧力団体の役割」『週刊東洋経済臨時増刊 近代経済学シリーズ　No.47』No.4122

19) 真山 達志 (2001)『政策形成の本質―現代自治体の政策形成能力―』成文堂

20) 村上 泰亮・熊谷 尚夫・公文俊平 (1973)『経済体制』岩波書店

21) 渡辺 達朗 (2016)『流通政策入門―市場・政府・社会―（第 4 版）』中央経済社

22) K.J. アロー (1977)「成長と公平のトレード・オフ」大来佐 武郎・内田 忠夫編『新しい繁栄を求めて』日本経済新聞社

23) K. E. Boulding (1964), *Principles of Economic Policy*, Englewood Cliffs, N. J. (内田 忠夫監訳 (1983)『経済政策の原理』東洋経済新報社)

24) E. S. Kirchen & others (1964), *Economic Policy in Our Time*, (渡部 経彦監訳 (1965)『現代の経済政策』上巻，東洋経済新報社)

第 1 編

日本の流通政策

第 1 章

日本の流通政策

本章の構成

本章のポイント

　現代資本主義は，国家の計画が市場経済にビルト・インされた混合経済体制として特徴づけられている。特に日本では国家（政府）が経済に積極的に介入しながら発展したものであり，経済・流通に対する国家の役割は極めて大きい。本章は，経済に対する国家の役割を説明したうえで，日本の流通政策の特徴や経緯および構造体系について考察する。

　○第1節では，日本の国家の役割と流通政策について学習する。
　○第2節では，日本の流通政策の特徴について学習する。
　○第3節では，日本の流通政策の経緯について学習する。
　○第4節では，日本の流通政策の構造体系について学習する。

第1節　日本の国家と流通政策

1. 資本主義経済における国家

　資本主義経済は，市場経済に基づく自由な経済活動を保障する体制である。資本主義経済の発展は，自由な市場競争を通じて，資本と生産の集積・集中に基づいて寡占化が進展していった。その結果，寡占企業が主要産業部門において成立し，それが強力な価格支配力をもち，またカルテル的な協調関係を形成するなど，市場機構の内部において市場競争の制限と市場支配が行われ，それによって市場の自動調整作用が十分に機能しなくなり，いわゆる「市場の失敗」が発生したのである。そのために国家（政府）は，市場の失敗を解消しながら資本主義経済の均衡的な発展をはかることが不可欠な課題として取り組まなければならなかったのである（岩永2009, p.14）。

　したがって，現代の資本主義経済は，経済活動への国家の介入が制度化され，寡占経済と国家の政治過程が不可欠に結合した政治的かつ経済的システムとなっており，**混合経済体制**として特徴づけられる（岡田1983, p.85）。そのために，政府の介入・規制ないし計画化としての公共部門の活動が市場機構にビルト・インされ，市場機構それ自体が大きな変容を遂げるようになったのである（上野1988, p.83）。

　ともあれ，現代の資本主義経済においては，国家の経済過程への介入や干渉[1]が普遍的事象となっているだけでなく，国家の経済活動が経済の成長と安定に極めて大きな役割をはたすものとして位置づけられ，そのために国家の経済活動への介入・規制ないし計画化として流通政策を含む経済政策が重要な役割を演じている。したがって，現代の流通政策は，国家（政府）の公的介入・規制として，市場機構の有効性を維持しながら市場の失敗に対応するとともに，市場機構を補完する**政治的調整機構**として，現代の流通機構において重要な役割を演じているのである。

2.　日本の経済・流通政策

　わが国経済は，明治維新以降，国家権力を支柱として上から積極的に推進されて発展したものであり，経済全体が政府による規制や助成に依存するという特殊な体質をもつものとなっている（岩永 2009, p.63）。そのために，日本政府の経済活動に対する公共政策は，諸外国に比べて広範かつ多様であり，日本の産業のなかで政府の介入・規制と関わりのない産業はほとんどないといってよい（上野 1988, p.91）。

　敷衍すると，わが国経済は，明治維新以来の欧米先進諸国へのキャッチ・アップの思想と**殖産興業**政策の伝統を受け継いで，政府＝産業複合体の独特の集団主義的・協調的社会のなかに定着した産業政策を最大限に活用して目覚ましい発展を遂げてきたのである（上野 1988, p.130）。その背景には，わが国経済が，本来自由な経済活動のもとで市場機構だけでは順調な経済発展が望めないことから，国家が産業の保護・育成のもとに商品の生産・流通・消費にいたる経済活動に直接規制・統制を加えながら，経済秩序の維持と経済の持続的・均衡的な発展をはかるために積極的な産業政策を推進してきたからである（岩永 1993, pp.167-168）。

　日本の経済政策は，戦時中や戦後まもなく実施されたものが多く，統制色の強い産業政策として活用されたものを原型としている（鈴木 1998b, pp.85）。戦後わが国政府が実施した基本的な経済政策は，重化学工業を中心に少数の基幹産業を保護育成するという，いわば**傾斜生産方式**に代表されるような積極的な産業政策にウエイトを置くものであった。こうしたわが国の経済政策は産業復興ないし産業合理化をめざした**生産第一主義**であり，流通・商業分野においては政府の援助も指導もないまま放置されていた（佐藤 1974, pp.73-74）。そのなかで流通・商業は，生産の合理化，中小企業の停滞などによる過剰労働力の吸収部門（森下 1994, p.179）という役割をもって，わが国の経済を支えてきたといえよう。そのために，この流通・商業分野における政府の公的介入は，二次的なものとして産業政策を補完するとともに国民生活の安定化をはかるという，いわば社会政策的色彩が強いものであった。

　ともあれ，日本の経済政策は，何よりも産業や企業を優遇し国際競争力をつける産業政策を主要課題として推進されてきた。例えば，重化学工業に代表される戦略的産業に対してはその育成がはかられ，同時に農業や流通のごとき国際的競争力の弱い産業に対しては手厚い保護が加えられるなど，先端的産業と伝統的産業に対して，個別産業政策が推進されてきた（田島 1992，p.171）。そのために，一部の特殊産業・商品の流通政策は，流通段階のみならず生産・輸入段階をも含む産業政策的な**業種別流通政策**として実施されてきている。

第2節　日本の流通政策の特徴

1．行政指導優先の保護的経過政策

　わが国の流通政策の特徴は，他の経済政策領域と同様に，保護に主眼を置く**経過政策**[2]への傾斜が著しいということである（鈴木 1993，p.230）。しかも強力な権力体系に支えられた行政当局の策定する政策目標にしたがって市場経済の方向を誘導するという**行政的誘導経済**が基本的な政策理念となっている。今日,世界で最も巧妙な誘導的市場経済とされている日本型混合経済の特徴は，資本主義発展の当初から一貫して続いてきた日本特有のいわば伝統的な経済体質に関わるものであり，それだけに現実の経済主体の活動にさまざまなインパクトを与えている（鈴木 1992，p.209）。

　第1に，有能なテクノクラートによって遂行される**行政指導**という名の政策的誘導が,すべての政策運営の基軸になっている。このことは,官僚のリーダーシップによる企業や利益集団などに対する誘導的な政策運営が公的介入の基軸になっているところから，自己責任原則を無視した温室的な保護体制が醸成され，そのために企業や利害集団とっては，自助努力による競争効率の達成よりも，政策的保護に安易に依存するという傾向が強くなっている（鈴木 1992，p.209）。

　第2に，市場経済に対する政府介入が，広範かつ多岐にわたっているばかりでなく，極めて直接的である。日本における経済計画は，政策的誘導のための

ガイドラインとしての意味合いでしかなく，そのために現実の政策運営に際しては経済計画とは関わりなく，その時々の状況に応じて企業や利害集団に対する個別的な調整や保護が遂行されているにすぎない。このことは，政策運営に対する原則的立場が不明瞭であるために，現実の経済過程への直接的な公的介入が，いわば恣意的に行われることが多く，競争市場の枠組条件の整備よりも経済過程への直接的規制という，いわゆる経過政策的志向が強くみられる（鈴木 1992，p.209）。

　流通政策は，他の政策領域と同様，市場経済の計画的誘導のための公的介入についての基本理念が不明瞭であるところから，現実の政策実践においては，その時々の政治的・経済的状況や各種利害集団の圧力の程度を反映した政策手段ないし規制・調整措置が講じられることが多く，そのために実施される政策の振幅が極めて大きいのである（鈴木 1992，p.210）。

2.　縦割り行政による政策体系の欠如

　一般に，政策体系が有効に成立するためには，第 1 に，政策手段は政策目的に適合しなければならない。第 2 に，ある政策目標のために選択された手段は，同時に他の政策目標を阻害してはならない。第 3 に，設定された諸政策目標は相互に背反してはならない（G. Weipert 1953，S.48-59）。つまり，政策体系を構成する諸要素それ自体は，統一制ないし一貫性をもつとともに，内的に矛盾するものであってはならない。

　しかし，わが国では，政策主体たる官僚機構が産業別に構成され，いわゆる縦割り行政として政策を総合的ないし統一的に管轄する組織を有してないこともあって，流通政策を含む経済政策全体において政策整合性が欠如しているように思われる（鈴木 1993，p.232）。

　わが国の流通政策は多様な次元の複合体である。それが有効に行われるためには，流通政策体系において内的にも外的にも整合性を保持していなければならない。しかし，わが国の流通政策は，政策手段の体系に整合的脈略が欠如していることも特徴的である。例えば，流通政策は，産業構造・雇用・金融・交通・

中小企業などに対する経済政策との整合性においても矛盾に陥ることがありうる。また流通政策は，流通政策内部においても流通競争政策やこれを補完する流通振興政策と流通調整政策などと論理的に相互矛盾に陥る危険性をもっている。さらに流通政策は，本来の流通領域との関わりあいから他の経済領域・社会領域との関わりあいを深め，総合政策の視点から捉えなければならなくなってきている。そのために，流通政策は，社会政策や都市政策などとの学際的な整合性の問題も現実化してきているのである（荒川 1989, pp.41-42）。

　日本における流通政策体系は，混合経済体制の基軸ともいうべき市場における競争秩序ないし競争法の遵守に対する政府当局の評価が相対的に低く，流通に対する政府介入の姿勢も，所轄官庁の違いによってかなり異なり，いわゆる政策間コンフリフトをしばしば生じさせている。例えば，公正取引委員会による流通系列化規制が，経済産業省（以下，旧通産省とする）によって推進された流通の効率化の政策的措置としばしば衝突をしている。すなわち，旧通産省による流通効率化の一環として推進されてきた流通システム化政策が，独占禁止法による**流通系列化**の規制と衝突したが，結果的には，寡占メーカーによる流通系列化をむしろ促進するという役割を演じたことなどである（鈴木 1992, pp.210-211）。

3. 産業政策的な経過政策の重視

　日本の経済政策は，個別経過政策というかたちで，多くの産業に対する多様な公的介入・規制がみられ，日本の経済政策に残存する後進的性格として評することができる。その背景には，日本の経済が 1960 年代から 1970 年代にかけて急速に成長し，短期間のうちに，終戦直後の後進国的状態から中進国そして先進国へと発展したことにある。しかも，この急速な経済発展を支えた経済政策は，重化学工業に代表される先端的産業への保護・育成ならびに農業や流通などの伝統的産業への手厚い保護という，経過政策としての産業政策が推進されてきたからである。

　日本が経済大国に成長した後もなお，保護的な個別経過政策が残存している。

このことは，経済政策の立案過程における後進性として，具体的には多くの利益集団が中央・地方レベルの政治家と結びつくことによって，保護的政策の変更を困難にしたのである。そのために，政治的意思決定においては，国民の利益よりも特定利益集団の利益が重視される傾向にあった（田島 1992, pp.171-172）。

4. 経過政策重視の流通政策体系

　わが国経済は，資本主義経済本来の自由競争を基本原則としながらも競争原理を全面的に受け入れることなく，「発展指向型」，「官民協調型」（上野 1988, p.132）の経済政策を拠り所にして，特定の産業を保護・育成する産業政策を推進しながら，著しい発展を遂げてきた。そのために，特定の基幹産業の生産部門を重視する生産重視ないし効率至上主義の経済政策が推進され，流通・商業政策は生産部門を中心とした産業政策を補完する二次的政策（社会政策）として位置づけられてきたといえる。

　したがって，日本の経済政策は，市場の競争秩序を維持すべき経済体制の枠組みを規定する経済秩序政策より，経済過程に直接的に介入する経過政策に重きを置いてきたところに特徴がみられる。そのために経済政策の部分領域としての流通政策においても，経済秩序政策としての流通競争政策よりそれを補完する経過政策としての流通調整政策や流通振興政策ならびに特定産業・商品に関わる産業政策的な業種別流通政策に重点が置かれてきたといえよう（岩永 2009, p.73）。

第 3 節　日本の流通政策の経緯

1. 戦　前

　日本の流通政策は，1918 年（大正 7 年）の公設小売市場の開設に始まり，その充実によって卸売市場の整理が促進され，1923 年に中央卸売市場法が公布・施行された。昭和期に入ってすぐ，1927 年（昭和 2 年）の金融恐慌，

1929 年の世界大恐慌の余波を受け，百貨店や産業組合などとの競争によって中小小売商業は深刻な危機に陥った。そこで 1932 年に中小小売商業の救済のために商業組合法が制定された。また 1936 年に中小企業を対象とした金融機関として商工組合中央金庫が設立されるなど，これらの措置が小売商業を対象にした商業振興政策の原型になったのである。

　それとともに，百貨店の急速な発展が中小小売商業（中小小売業）を圧迫し，中小小売商業問題として政治問題化し，1937 年に第 1 次**百貨店法**が成立した。この法律は，百貨店と中小小売商業との競争だけでなく百貨店相互の過当競争を調整するという目的でもって，百貨店を抑制する商業調整政策の原型になったのである（石原 1989，pp.218-222）。

2．戦後復興期

　戦後まもなく，占領軍（GHQ）主導の経済民主化政策の下に，1947 年に**独占禁止法**（正式には「私的独占の禁止及び公正取引の確保に関する法律」）が制定され，この法律が競争政策の原型になった。この法律の制定に伴って同年に第 1 次百貨店法が廃止されたのである。

　その後，1950 年の朝鮮動乱による特需景気を契機として戦後の経済が復興し，それによって百貨店と中小小売商業との間で競争が激化して中小小売商業を圧迫し，1956 年に再び第 2 次百貨店法が制定された。それとともに製造業者や卸売業者の小売商業への参入，小売市場間の過当競争という問題に直面し，1959 年に**小売商業調整特別措置法（商調法）**が制定された。この 2 つの法律は，小売商業界における百貨店ならびに製造業者・卸売業者の小売販売等や小売市場間による過当競争を調整するという流通調整政策であったが，実質的には中小小売商業を保護する商業政策であったといえよう。

3．高度経済成長期

　日本経済は，1955 年の神武景気を契機として 1973 年の石油危機まで高度経済成長を実現したのである。この時期における流通政策は，1962 年に商店

街振興組合法，1963 年に店舗等集団化事業，小売商業店舗共同化事業，商店および商店街診断，広域診断事業，1964 年に商店街近代化事業，1967 年に小売商業連鎖化事業などが相次いで講じられるなど，個々の小売商業やその集団に対する商業振興政策が推進されたのである。

　この時期の本格的な流通振興政策としては，旧通産省による一連の流通近代化政策であった。最初の第一段階は，1963 年に産業合理化審議会（現在の産業構造審議会）に流通部会が設置されてから 1968 年に第 6 回中間答申『流通近代化の展望と課題』が公表された期間までに**流通近代化政策**が推進された。この流通近代化政策は，流通機構の構成要素である制度体（組織体）としての商業の合理化・効率化を志向するものであった。

　次の第二段階としては，**流通システム化政策**が打ち出された。この期間は，1969 年の第 7 回中間答申『流通活動のシステム化について』が公表されてから 1973 年の第 1 次石油危機までの時期であった。この流通システム化政策は，生産と消費を結ぶ流通機能・流通活動そのものの高度化・効率化を志向するものであった（鈴木 1979，pp.175-178）。

　一方，1972 年にダイエーが小売商業の売上高で日本一となるなど，新興小売業態である総合スーパーの成長が著しい時期でもあった。そして，このことは，小売業界における総合スーパー・百貨店・中小小売店等における競争・対立が激しくなり政治問題化したのである。それによって，1972 年に第 10 回中間答申『流通革新下の小売商業－百貨店法改正の方向－』が打ち出された（通商産業省企業局編 1972，pp.82-92）。

　そして，この中間答申を受けて，1973 年 9 月に中小小売商業政策の強化・拡充を目的とした**中小小売商業振興法**が制定され，同時に同年 10 月に大型店と中小小売店を調整する**大規模小売店舗法**（正式には「大規模小売店舗における小売業の事業活動の調整に関する法律」，略称「大店法」）が制定され，いわゆる小売二法が制定されたのである。この小売二法は流通振興政策と流通調整政策を推進しながら流通競争政策を実現することで小売業界の課題を解消しようとするものであった。

4. 安定経済成長期

　わが国経済は，1973 年の第 1 次石油危機を契機として，高度経済成長から低・安定経済成長へ大きく変化した。特に，1973 年の第 1 次石油危機を契機に，物価問題との関連で企業の買いだめや売り惜しみ，便乗値上げ，ヤミカルテルなどが注目され，1974 年に石油元売会社の大規模なカルテルに対する刑事告発がなされるなど独占禁止法の運用強化が高まって，1977 年に独占禁止法が改正され，これ以降，独占禁止法の運用強化が積極化されるようになってきた（渡辺 2016，p.56）。

　その後，1979 年の第 2 次石油危機以降から経済も比較的に安定成長していたが，それまでに累積された公害，地域間不均衡の拡大，都市問題をはじめとして多くの社会・経済問題が顕在化してきた（田中 1981，pp.71-74）。

　このような状況のなかで，1984 年に『80 年代の流通産業ビジョン』が公表された。このビジョンでは，従来の経済的効率性に加えて地域社会との調和の面から社会的有効性の理念が新たに導入された。つまり，流通合理化の推進だけではなく，流通がもっている地域社会における社会的・文化的機能の面へも配慮した経済的効率性と社会的有効性という二元的な政策課題が志向されたのである（通商産業省産業政策局・中小企業庁編 1984，pp.18-21）。

　その後，1980 年代後半から国際化の進展に伴い**経済規制緩和**[3] が推進され，それに伴って小売業界における競争が激化し，近代的小売業態の成長・発展と伝統的中小小売商業の衰退・減少を引き起こし，同時に小売競争は都市間・地域間[4] へと進展していった。その結果，都心の駅前・バスセンター周辺や中心市街地に立地していた伝統的中小小売商業が衰退・減少し，それに伴う商店街の空き地・空き店舗の恒常化により，中心市街地の活力が低下していったのである（岩永 2013a，p.142）。

　1989 年に『90 年代の流通ビジョン』が公表された。ここにみられる流通政策の基本的考え方は，わが国の流通システムを「競争メカニズムが有効に機能するシステム」（通商産業省商政課編 1989，p.145）にするという積極的な競争メカニズムを導入することにあった。そして，流通政策の目標を実現するため

に，①流通システムの合理化，②構造改善の推進，③商店街の活性化と「街づ
くり会社構想」など 9 つの課題の達成をあげている（通商産業省商政課編 1989,
pp.145-147）。

　この流通ビジョンを受けて，「商業集積を核としたまちづくり」を基本コン
セプトとする**特定商業集積整備法**（正式には「特定商業集積の整備の促進に関する
特別措置法」）が 1991 年に施行された。この法律は，特定商業集積の整備を促
進することにより，商業の振興および良好な都市環境の形成をはかることを目
的としたものであった（佐々木 2013, p.91）。

　また，1989 年から 1990 年にかけての**日米構造協議**を契機として，1990 年
以降，独占禁止法は運用強化の方向に向かうとともに，公正取引委員会の組織
と機能が強化された。例えば，1991 年の「流通・取引慣行に関する独占禁止
法上の指針」は，独占禁止法の運用基準の明確化ないし強化によって，日本に
おける流通や取引慣行の閉鎖性・排他性を排除し，市場における競争メカニズ
ムの機能を十全なものとすることを目的とする，競争促進政策の発動として位
置づけられたのである（宮内 2013, p.60）。

　さらに，バブル経済崩壊後の長期経済不況のもとで小売商業を取り巻く流通
環境や流通システムの大幅な変化を背景として，1995 年に『21 世紀に向けた
流通ビジョン』が公表され，そこでは「流通構造改革」への積極的でダイナミッ
クな取り組みが要請された。

　本ビジョンの流通政策に対する取り組みとして，21 世紀に向けてわが国経
済の効率化・活性化をはかるうえで，流通分野における構造改革が不可欠であ
るという認識のもとに，①流通システムの効率化に対する支援，②流通産業に
よる社会的要請等への対応の支援，③まちづくりに対する施策の 3 点があげら
れた。また今後の中小流通政策の展開として，①中小卸売業政策の在り方，②
中小小売商業政策の在り方が講じられた（通商産業省産業政策局・中小企業庁編
1995, pp.132-161）。

　1990 年代後半になると，さらなる規制緩和による大型店の郊外立地が進み，
商店街の空き地や空き店舗の恒常化による中心市街地の空洞化がいっそう進展

していった。その結果，これまでの大規模小売店舗法の調整政策と中小小売商業振興法の振興政策からなる小売二法による流通政策に限界がみられ，1998年に「**まちづくり三法**」[5]が制定された。この三法の趣旨は，大型店立地の是非は改正都市計画法，周辺地域の生活環境の保全は**大規模小売店舗立地法**（略称：大店立地法），まちなか再生は**中心市街地活性化法**（正式には「中心市街地の活性化に関する法律」で行うものであった（宇野 2011，p.30）。

しかし，「まちづくり三法」制定後も大型店の郊外立地や商店街の衰退などにより中心市街地の空洞化が進展していった。中心市街地活性化法に基づく活性化策の実効性が発揮されず，改正都市計画法による大型店の立地調整機能が弱いなど「まちづくり三法」自体の不備も指摘され，「まちづくり三法」が改正された。

まず，中心市街地活性化法の改正（2006年）は，実効性のある活性化事業，市街地への都市機能の集約をあげている。市街地への都市機能集約に関しては，市街地での質の高い生活の確保という側面から，商業の活性化やハード面の整備に留まらず，多様な都市機能の中心市街地への集約を行う**コンパクトシティ**[6]の考え方が提唱された。具体的には，中心市街地への居住等の促進，中心市街地整備推進機構の拡充，中心市街地への大型店出店の促進等があげられる。

これに関連して，中心市街地活性化法とは別に，商店街や中心市街地の地盤沈下が進行したために，商店街に焦点をあてた独自の流通振興政策として，2009年7月に**地域商店街活性化法**（正式には「商店街の活性化のための地域住民の需要に応じた事業活動の促進に関する法律」）が制定され，同年8月から施行されている（岩永 2013a，pp.143-144）。

次に，改正都市計画法の改正は，適正な立地誘導策として，大規模集客施設（大型店以外，サービス店等を含む）の立地調整の仕組みを適正化し，郊外への都市機能の拡散を抑制するものであった。具体的には立地規制の厳格化，広域調整の仕組みの整備，公共公益施設の中心市街地への誘導などがあげられた（横内，2006，pp.8-10）。

さらに，大店立地法は改正されなかったが，「まちづくり三法」が見直され

るなかで大型店の社会的責任への関心が高まり，第 4 条の指針改定（2005 年 2 月）が行われる際，大型店の社会的責任として地域貢献の必要性が提起された。

　その後，人口減少，改正まちづくり三法等，流通産業を取り巻く環境が激しく変化するなか，流通産業が地域づくりに貢献し，グローバル競争に挑戦できる環境を整備するために，2007 年に『新流通ビジョン―生活づくり産業へと進化する我が国小売業―』が公表され，そこでは，環境変化に伴う小売商業が目指す方向性と取り組むべき課題が提唱されたのである（経済産業省編 2007, p.3）。

　ともあれ，日本の流通政策は，中小小売商業やその集合体である商店街を保護・育成するための組織化や協業化による商業振興政策を原型として，同時に百貨店の急速な発展に対する中小小売商業との調整という商業調整政策が推進された。戦後に経済民主化政策として独占禁止法に基づく流通競争政策が確立されたが，依然として商業振興政策や商業調整政策が推進された。高度経済成長期には流通近代化・流通システム化や中小小売商業振興法に基づく流通振興政策が重視されたが，同時に大規模小売店舗法に基づく商業調整政策も推進された。低・安定経済成長期には高度経済成長の矛盾である経済問題・社会問題が顕在化し独占禁止法に基づく流通競争政策が強化されてきたが，依然として商業の合理化・効率化を志向する流通振興政策や大型店と中小小売店を調整する流通調整政策が推進されてきた。

　その後，流通政策は，経済の国際化や経済規制緩和の進展に伴って，『80 年代の流通産業ビジョン』の公表から「まちづくり三法」改正にいたる流通ビジョンや法律にみられるように，都市・地域政策や「まちづくり」との関連・枠内において流通・商業近代化が推進されてきている。同時に国際化への対応や消費者視点の立場から独占禁止法の運用強化に基づき流通競争政策も強化されつつあるといえよう。

第4節　日本の流通政策の構造体系

1．流通政策の構造体系

　わが国の流通政策は，多種多様な政策が存在し，その目的・対象・政策手段等によって多種多様な体系化が試みられている（序章参照）。わが国の流通政策の体系の1つのモデルとしては，市場競争の維持・促進に関わる流通競争政策をベースに，それを補完する流通振興政策と流通調整政策，さらに特定の業種・商品に限定した業種別流通政策などがあげられる。そこで，このモデルにしたがって，わが国の流通政策の構造体系を概説しておこう。

　まず，**流通競争政策**は，流通において市場機構が正しく機能するように方向づける政策である。現代の資本主義経済においては，寡占企業による市場支配ないし競争制限によって市場本来の競争が損なわれ，いわゆる市場の失敗として市場機構が麻痺した状態になっている（中村1983, p.205）。流通競争政策は，この市場機構の麻痺を政策によって競争的市場機構に回復し，資本主義経済本来の市場競争を復活させることにあり，それに関する法律には，独占禁止法やその関連法があげられる。なお，流通分野における独占禁止法の主要な政策課題としては，流通系列化の問題，バイイングパワーの問題などの不公正な取引方法があげられる。

　次に，**流通振興政策**は，流通において競争主体の競争力を強化し，その効率や経営能力を向上させ，競争主体の環境変化への適応を促進ないし援助し，絶えざる競争構造の変化に対して適応させようとする政策である（鈴木1998a, p.9）。この流通振興政策には，第1に，流通近代化政策や流通システム化政策があげられる。これらの政策は，生産部門と消費部門の環境変化に対する流通部門を適応させようとする政策として高度経済成長期から推進されている。第2に，商業部門内における振興ないし活性化をはかる商業振興政策があげられる。この商業振興政策は，わが国の大部分を占めている中小零細商業の近代化をはかるために，個々の中小商業を合理化・効率化するとともに，中小商業相

互の協業化・組織化を推進する，いわば中小商業近代化政策として推進されている。この商業振興政策は，中小小売商業振興法によって制度化され支援されている。

　また，**流通調整政策**は，流通における急激な競争圧力を弱め，競争の速度を緩和し，市場競争そのものを円滑に推進し，競争の促進・維持をはかろうとする政策である。敷衍すると，資本主義の競争過程で必然的に経済の格差や規模の格差を生み出すが，流通部門における競争主体間に発達速度の不均衡が生じたときに，発達速度の早い経済主体に制限を加え，その速度を調整することによって流通システムの均衡をはかる政策である（久保村 1982，p.51）。特に特定の経済主体を規制・抑制することから抑制的流通調整政策ともいわれている（石原 1993，p.81）。この流通調整政策には，わが国の伝統的な商業政策として百貨店や大型店を抑制的に調整する百貨店法や大規模小売店舗法，また製造業者や卸売業者の小売販売や小売市場等と中小小売商業との調整をはかる小売商業調整特別措置法があげられる。

　さらに，**商品別（業種別）流通政策**は，それぞれ固有の目的をもった産業政策のなかで，付随的にそれぞれの産業の流通部門に国が介入しているものであるが，本来の目的を逸脱して，参入規制的に機能している例が少なくない。具体的には，卸売市場制度，食糧管理制度，酒類販売免許制度，薬局適正配置制度，揮発油販売業法などがあげられる（田島 1992，pp.178-180）。

2.　消費者視点への流通政策

　経済の最終目的は人類の福利厚生にあり，資本主義経済も消費者利益を最終目標としなければならない。しかし，現代資本主義のもとでは，消費者の基本的な権利ないし利益ともいうべき消費者選択の自由が制約されているのが実情である。例えば，寡占メーカーのマーケティング戦略による価格支配と需要管理やそれを支える流通政策などによって，消費者の自由な選択という権利は著しく侵害されている（岩永 2008，p.158）。

　日本における市場の取引主体は，大企業であれ個人企業であれ，主として集

団主義を背景とした交渉力をもっている。これに対して，個人としての消費者は，このような交渉力を備えていない。また消費者は，売手であるメーカーや販売業者の一方的な広告宣伝や不十分な表示を受動的に受け入れ，売手の設定した価格で購買せざるをえず，決して対等な取引ではない。このような従属的な立場にある消費者の権利を市場での取引関係において擁護しようとするのが，**消費者基本法**をはじめとした種々の消費者保護制度であり，また市場における企業間の公正かつ自由な競争を促進することによって消費者の利益を間接的に擁護するものが独占禁止法やその関連法である（磯村 1988, pp.151-152）。

　しかし，日本では，政府主導による市場ないし取引の近代化の過程において，消費者は育成措置からも保護措置からも無縁の存在として放置されてきたといえる。さらにいえば，日本政府は，市場への公的介入に際して，企業優先の政策に傾斜し消費者の権利を擁護することを優先するという政策的視点をもたなかったのである（鈴木 1997, p.94）。

　今後，流通政策は，国際化への対応と消費者の利益を優先する政策課題へと重点をおかなければならない。

3. 流通政策の展望

　わが国においては，「発展指向型」・「官民協調型」の経済政策を拠り所にして，特定の基幹産業の生産部門を重視する生産重視ないし効率至上主義の経済政策が推進され，流通については産業政策を補完する二次的政策（いわば社会政策）として位置づけられてきた。そのために，経済政策の部分領域としての流通政策においても，流通競争政策よりそれを補完する流通調整政策や流通振興政策ならびに特定産業・商品に関わる産業政策的な業種別流通政策に重点が置かれてきたといえる。

　1980年代後半から，わが国経済が高度化・グローバル化するなかで，流通システムや流通政策に対する批判が内外から高まり，今や国際的にも国内的にも，日本の流通政策それ自体についての抜本的な改善ないし転換が強く迫られた。そのためには，従来の産業政策フォロー型の流通政策にみられた閉鎖的で

競争制限的な流通政策から開放的で競争的な流通政策へ改善ないし転換が要請され，それに対応するかたちで流通政策も経済規制緩和ならびに流通に関わる独占禁止法の運用強化の方向へ動いている。

　業種別流通政策については，農水産物の卸売市場法の変化や食糧管理法から新食糧法への変化，酒類・たばこ・塩の小売販売業の免許・許可基準が緩和されてきている。次に流通調整政策は，大店法による店舗面積などの需給調整的視点からの経済規制に代わって，大店立地法による環境・騒音・ごみなど社会的規制へと変化し推進されてきている。さらに流通振興政策は，都市政策・まちづくりと関連して小売商業の強化・振興をはかろうとする方向，いわば経済的効率性に加え社会的有効性が志向される政策へと変化してきている。それとともに，流通競争政策は，流通系列化の問題，バイイングパワーの問題などの不公正な取引方法に対処しながら流通分野における市場の競争秩序を維持すべき独占禁止法の運用強化の方向を目指している（岩永 2009，pp.73-74）。

注

1)　現代の混合経済体制のもとで，国家の経済に対する機能・役割としては，次の 4 つがあげられる。

　　第 1 に，国家は提供者としての機能である。これは，通常，社会福祉国家の概念と関連する機能である。国家は，すべての人に最低生活水準を保障するために，社会的サービスの提供に責任を負い，経済力の自由行使から派生する弊害を和らげている。第 2 に，国家は規制者として機能する。国家はさまざまな管理手段を用いて，例えば，為替管理，輸入認可管理，産業上の認可管理といった方法により，産業開発投資や輸出入の量，種類を規制する権限がある。第 3 に，国家は企業家として機能する。国家は半ば自主性を有する政府部局あるいは国の所有する公社という形をとって，経済の特定部門を経営している。第 4 に，国家は審判者として機能する。立法，行政，司法権の受託者である国家は，国家企業を含むさまざまな部門間に適用される公正の基準を作り出すものである（W. Friedmann1971，寺戸訳 1981，pp.13-14）。

2)　流通経過政策は，流通企業の行動やその成果などといった経済過程に直接的に介入することを目的として策定される政策のことであり，大型店規制などの需給調整的参入規制がこの流通経過政策に属するといってよかろう。これに対して流通秩序政策は，個々の流通企業の活動を究極的に規制している経済体制的な枠組みとしての市場経済秩序などに関する政策であり，独占禁止政策などの競争維持政策が典型的な流通秩序

政策であるといえよう（鈴木 1998a, p.10）。

3) わが国の規制緩和に対する公的スタンスとしては，まず 1985 年の第 1 次行政改革審議会答申「行政改革の推進方策に関する答申」があげられる。これに次いで，1988 年の第 2 次行政改革審議会答申「公的規制緩和等に関する答申」が公表され，さらに，1993 年に経済改革研究会報告（いわゆる平岩レポート）「規制緩和について」が公表されるなど，規制緩和への本格的な取り組みがみられる（岩永 2013, pp.52-53）。

4) こうした背景には，交通体系の整備やモータリゼーションの進展によって住宅・事務所等の都心から郊外・近郊都市への移転に伴って，小売商業集積が都心の駅前・バスセンター周辺や中心市街地からロードサイド地域や郊外・近郊都市に広域化していったという事情がある（岩永 2013, p.142）。

5) 「まちづくり三法」には，それぞれ以下のような課題があげられる（岩永 2013b, p.122）。

まず，中心市街地活性化法に関しては，市町村が進める市街地の整備が，道路の整備等のハード事業に偏っており，商業振興等と一体的に進められていない場合がある。さらに商業振興等の活性化事業については，自治体の支援不足，TMO（Town Management Organization）自体の問題，関係者間の連携協力体制の不備および意欲不足など多くの問題が指摘される。

次に，大規模小売店舗立地法に関しては，この法律が大型店に対し周辺地域の環境への配慮を求める社会的な規制であり，大型店が及ぼす広域的影響ならびに商業施設が住民生活に必要なインフラであるという経済的側面については考慮されていない。

さらに，改正都市計画法に関しては，大型店の立地調整の面でほとんど機能していない。また地方自治体独自の運用が困難で大型店の広域調整が困難であり，学校・病院等の公共公益施設の建築に関わる取り扱い等の問題がある。

6) コンパクトシティ（英：Compact City）とは，都市的土地利用の郊外への拡大を抑制すると同時に中心市街地の活性化がはかられた，生活に必要な諸機能が近接した効率的で持続可能な都市，もしくはそれを目指した都市政策のことである（https://ja.Wikipedia.prg/wiki コンパクトシティ　2020 年 6 月 30 日閲覧）。

参考文献

1) 荒川　祐吉（1989）「流通政策研究の体系について」広島経済大学経済学会『経済研究論集』第 12 巻第 1 号
2) 石原　武政・池尾　恭一・佐藤　義信（1989）『商業学』有斐閣
3) 石原　武政（1993）「流通調整政策」鈴木　武編『現代の流通問題―政策と課題―』東洋経済新報社
4) 磯村　隆文（1988）『日本型市場経済』日本評論社

5）　岩永 忠康（1993）「流通政策の役割と体系」阿部真也監修『現代の消費と流通』ミネルヴァ書房

6）　岩永 忠康（2008）「流通と政府」岩永 忠康・佐々木 保幸編『流通と消費者』慶應義塾大学出版会

7）　岩永 忠康（2009）『現代日本の流通政策―小売商業政策の特徴と展開―』創成社

8）　岩永 忠康（2013a）「大型店撤退問題」岩永 忠康・佐々木 保幸編『現代の流通政策』五絃舎

9）　岩永 忠康（2013b）「大型店撤退問題と地域の再生」日本流通学会監修 / 佐々木 保幸・番場博之編『地域の再生と流通・まちづくり』白桃書房

10）　上野 裕也（1988）『競争と規制―現代の産業組織―』東洋経済新報社

11）　宇野 史郎（2011）「まちづくり三法の改正と地域流通―大型店の地域貢献と雇用効果の視点を中心に―」日本流通学会編『流通』No.28

12）　岡田裕之（1983）「現代流通と国家」阿部真也・鈴木武編『現代資本主義の流通理論』大月書店

13）　久保村 隆祐（1982）「流通政策の目的・体系・研究」久保村 隆祐・田島 義博・森 宏『流通政策』中央経済社

14）　経済産業省編（2007）『新流通ビジョン―生活づくり産業へと進化する我が国小売業―』（財）経済産業調査会

15）　佐藤 肇（1974）『日本の流通機構』有斐閣

16）　佐々木 保幸（2013）「地域商業政策」岩永 忠康・佐々木 保幸編『現代の流通政策』五絃舎

17）　鈴木 武（1979）「流通政策の基本課題と論理構造」糸園 辰雄・加藤 義忠・小谷 正守・鈴木 武『現代商業の理論と政策』同文舘

18）　鈴木 武（1992）「日本型流通政策の問題点と政策転換の方向」E．バッツァー・H．ラウマー・鈴木 武編『現代流通の構造・競争・政策―日本とドイツの比較―』東洋経済新報社

19）　鈴木 武（1993）「流通政策転換の方向」鈴木 武編『現代の流通問題―政策と課題―』東洋経済新報社

20）　鈴木 武（1997）『流通政策の潮流と課題』佐野書房

21）　鈴木 武（1998a）「流通政策の概念と目標」鈴木 武・岩永 忠康編『現代流通政策論』創成社

22）　鈴木 武（1998b）「日本型市場経済システムの蹉跌」鈴木 武・岩永 忠康編『現代流通政策論』創成社

23）　田島 義博（1992）「日本の経済政策に占める流通政策の位置」E．バッツァー・H．ラウマー・鈴木 武編『現代流通の構造・競争・政策―日本とドイツの比較―』東洋経済新報社

24）田中 慎一郎（1981）「産業構造の変貌」小島 恒久編『現代日本経済論』法律文化社

25）通商産業省企業局編（1972）『流通革新下の小売商業－百貨店法改正の方向－』大蔵省印刷局

26）通商産業省産業政策局・中小企業庁編（1984）『80 年代の流通産業ビジョン』（財）通商産業調査会

27）通商産業省商政課編（1989）『90 年代の流通ビジョン』（財）通商産業調査会

28）通商産業省産業政策局・中小企業庁編（1995）『21 世紀に向けた流通ビジョン』通商産業調査会

29）中村 達也（1983）『市場経済の理論』日本評論社

30）宮内 拓智（2013）「流通競争政策」岩永 忠康・佐々木 保幸編『現代の流通政策』五絃舎

31）森下 二次也（1994）『現代の流通機構』世界思想社

32）横内 律子（2006）「まちづくり三法の見直し」『調査と情報』第 513 号

33）渡辺 達朗（2016）『流通政策入門―市場・政府・社会―（第 4 版)』中央経済社

34）G. Weipert（1953）*Werner Sombarts Gestaltidee des Wirtschaftssystems*, Gottingen

35）W. Friedmann（1971），*The State and the Rule of Law in a Mixed Economy*（寺戸恭平訳（1981）『現代経済と国家の役割』日本経済新聞社）

第2章

流通政策の形成過程
——大店法の事例——

本章の構成
第1節　大店法の成立背景
第2節　大店法成立の政治力学
第3節　大店法の成立過程

本章のポイント

　公共政策は，利益集団の利益に基づく各政策主体（アクター）相互の駆け引きを通じて決定されていく。大店法は，小売部門における大型店と中小小売店の間に生起する諸矛盾ないし諸問題を解決するために，政府によって策定・遂行された小売商業調整政策に関わる法律である。本章では，大店法の成立過程を通して日本の流通政策の形成メカニズムについての基本的な知識と考え方について考察する。
　○第1節では，大店法成立の経済的背景について学習する。
　○第2節では，大店法成立の政治力学について学習する。
　○第3節では，大店法の成立過程について学習する。

第1節　大店法の成立背景

1.　大店法の形成メカニズム

　現代の資本主義経済は，市場経済に基づく民主主義を基盤としている。そこでは，多種多様な利益集団が自己の利益を増進しようと政治的資源を用いて，自己に有利になるように政府（政治家や行政官僚）に対して働きかける。そして，このような利益集団相互の駆け引きを通じて政策が決定されていく。その意味で，公共政策の形成過程は，諸利益集団の利益に基づく**各政策主体（アクター）**の利益をめぐる調整過程ないし均衡過程として把握される（内山 1998，p.41）。

　一般に，利益には公的利益（公共の利益）と私的利益があげられるが，ここでいう利益は，富・権力・名声といった私的利益ないし自己利益のことを指している。例えば，利益集団としての企業等には利潤追求，政治家には再選や党内競争での勝利，官僚には出世や天下りポストや組織拡大などがあげられる。したがって，政策形成過程は，利益集団が自己に有利な政策の実現をめざして圧力をかけ，政治家が得票や献金の増大を期待してそれに応え，官僚が情報収集ないし権限拡大をめざして政策形成を進める，という各政策主体間の行動の連鎖として捉えられる（内山 1998，p.42）。

　大店法（大規模小売店舗法：正式には「大規模小売店舗における小売業の事業活動の調整に関する法律」，以下，大店法とする）は，小売部門における大型店と中小小売店の間に生起する諸矛盾ないし諸問題を解決するために，政府によって策定・遂行される**小売商業調整政策**に関する法律であった。さらにいえば，百貨店や総合スーパーなどの大型店を抑制的に調整（規制）することにより，わが国小売商業（小売業）の大部分を占めている中小小売商業の事業機会を確保しながら，大型店と中小小売店との間に生じる経済的・政治的な対立ないし矛盾やあつれきを調整し緩和しようとするものであった（岩永 2009，p.101）。

　大店法成立に関わる小売業界での大型店と中小小売店の間に生起する政策課題が政治問題化したのは，政策主体としての政治家（政党）や官僚（行政官僚）

が経済環境の変化によって発生する諸矛盾ないし諸問題に対して政治問題として把握し，それらを調整し解決すべき審議事項として取り上げたからであった（大山 1986, p.54）。したがって，大店法の成立過程は，小売部門における大型店と中小小売店の間に生起する諸問題に対して，行政官僚（経済産業省，旧通商産業省，以下，旧通産省とする）がそれに圧力をかける政治家（政党）や各利益集団の利害を調整する過程であり，いわば「利益集団－政治家（政党）－官僚（行政官僚）」という 3 つの政策主体間の政治的行動過程として把握することができる。

2.　大店法成立の背景

わが国経済は，1950 年代後半からの高度経済成長を通して生産の合理化に基づく生産力の飛躍的な増大ならびにそれに伴う消費の量的拡大によって，生産部門や消費部門が大きく変貌した。しかし，この両部門を媒介する流通部門とりわけ小売部門は，圧倒的部分を中小零細小売商業が担っており，そこでは自助努力による経営合理化の意欲がほとんどみられず，しかも技術革新の導入が困難な領域でもあった。そのうえ政府による合理化志向の助成措置がほとんど講じられておらず，もっぱら第 2 次百貨店法のもとで過保護の状態に置かれていた。このような小売部門は，いまや生産部門や消費部門に対応するだけの構造や機能を有しておらず経済成長にとって足かせにもなった。そのために小売部門を含む流通部門に対する合理化志向が政府当局や産業界から強く認識されるようになったのである（岩永 1998, p.101）。

このような背景のもとに，1960 年代前半の**流通革命論議**を契機として，わが国の伝統的な小売商業政策は大きく方向転換した。それは，これまでの中小小売商業を保護・温存するという後向きの政策から，これを前向きの政策に方向修正しなければならないという政策思潮が支配的になったのである（森下 1994, p.182）。そして，その方向を受けた流通政策が 1963 年の産業構造審議会流通部会の発足を契機として推進された一連の**流通近代化政策**であった[1]。

このような社会経済の変化や政策志向の変化を背景として，わが国の流通機

構にも大きな変化が現れた。1つは，1960年代から急速に成長しつつあった家電・自動車産業などの大規模・寡占メーカーが，規模の利益を追求するために徹底的な大量生産方式を採用し，しかも企業間競争で有利な地位を確保するためにも積極的な**マーケティング**を展開し，流通過程に介入してきた。その場合，既存の膨大な中小小売商業を積極的に利用するという，いわば**商業の系列化**に重点を置いた流通チャネル戦略を展開したのである。さらに，もう1つは，新興大型小売業態としてのスーパーが**ロスリーダー（目玉商品）**を中心とする強力な価格訴求戦略，セルフサービス方式，広範な広告宣伝・販売促進等，積極的に革新的な経営・販売戦略を駆使し店舗の多店舗化・大規模化等を通じて急速に発展してきた。これらが中小小売商業をはじめとして商業全体に大きなインパクトを与えたのである（岩永2009，p.102）。

とりわけ，大型スーパーの急速な発展は小売部門における競争を激化させ，既存の中小小売商業に大きな影響を与えた。その理由としては，百貨店が都心に立地し，衣料品などの**買回品**を中心とした各種商品を販売しているのに対して，大型スーパーはある程度の人口集積地域に立地し，食料品などの**最寄品**を中心とした各種商品を販売しているために，それだけ中小小売商業との競合関係が強かったからである。そのうえ，大型スーパーは第2次百貨店法の規制を免れるため店舗ビルの各階ごとに別会社方式を採用して，店舗面積を基準面積未満とすることにより急速に発展し，これがいわゆる**疑似百貨店**として社会問題になったのである（通商産業省企業局編1972，pp.78-79）。

このような疑似百貨店の出現は，第2次百貨店法の観点から2つの問題を提起した。1つは，中小小売商業への問題である。つまり，スーパーが立地や品揃えなどで中小小売店と競合する側面も多く，百貨店とは比較にならないほど大きな影響を与えているのに，百貨店を規制する一方でスーパーを自由にして置くことは不合理であるという主張が中小小売商業側からなされた。もう1つは，百貨店とのバランスの問題である。つまり，百貨店が第2次百貨店法によって規制を受けているにもかかわらず，百貨店と同規模の店舗を保有する疑似百貨店としてのスーパーを第2次百貨店法の規制から除外して置くのは，両

者間の競争の基盤を異にさせるものであるという主張が百貨店側からなされ
た。そこで，中小小売商業側はスーパーを百貨店と同様に規制することを要求
し，百貨店側はスーパーを規制の対象としつつ，これまでの規制を緩和するこ
とを要求したのである（通商産業省企業局編 1972，pp.79-81）。このような経緯
をへて，1973 年 10 月に大店法が制定されたのである。

　そこで，日本の流通政策の形成過程について大店法を事例に考察していこう。

第 2 節　大店法成立の政治力学

1.　大店法成立における政策主体

　大店法の成立過程に大きな影響を与えた政策主体は，①中小小売商団体や百
貨店・大型スーパーなどの各種利益集団，②政治家ないし政党，③所管省庁で
ある旧通産省や地元商工会議所・商工会（以下，商工会議所等）であった。これ
らの政策主体は，それぞれ自己の目的や利益を実現するために，説得・宣伝・
圧力・威嚇・権力など政治力を行使し，各政策主体と交渉・取引・妥協しなが
ら相互に働きかけ，自己に有利な方向に誘導したのである（岩永 2009，p.103）。

　図 2-1 にみられるように，①圧力団体としての中小小売店・百貨店・大型スー
パー（チェーンストア）などの各種利益集団は，各種同盟を結成し圧力団体と
して機能したり，他の圧力チャネルを利用したりして，政党あるいは旧通産省
に働きかけ，大店法の成立に対して大きな影響力を行使した。②政党ないし政
治家は，各種利益集団の代弁者として，行政官僚に圧力をかけるとともに，大
店法の制定に直接に関わった。③所管省庁である旧通産省や地元商工会議所等
は，各種の審議会や懇談会などを通して，各種利益集団の意見を代弁して利害
対立を調整したり，それらを国政に反映させたりするなど，大店法の形成・成
立・運営の中枢的な役割をはたした。そこで，大店法成立の過程における各政
策主体の政治的な影響力を考察してみよう（岩永 2009，pp.103-105）。

48

図 2-1　大型店紛争における各アクターとその関係

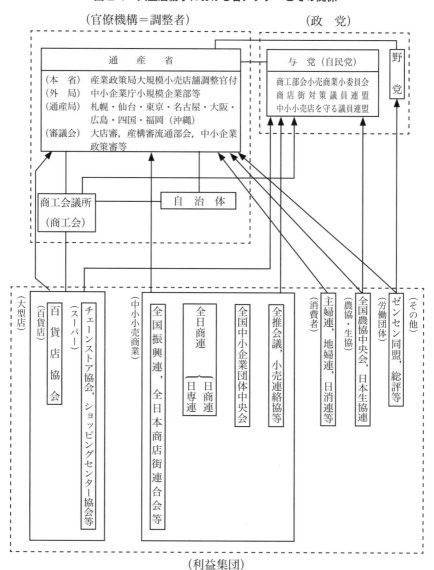

出所：大山 1986, p.56（一部用語を変更した）

2.　利益集団の影響力

　現代の**混合経済体制**における民主主義社会のもとでは，各種利益集団の政治的圧力行動が公共政策の形成に大きな影響を与えている。ここにいう利益集団とは，共通の利害関係をもつ人々の集団であり，その典型的なものが共通の職業上の立場と関心をもつ人々の集団つまり事業者団体である。これらの利益集団や事業者団体は，アメリカの**圧力団体**[2]のように政治的圧力活動をすることが主たる活動ではないが，政治的な紛争が発生した場合には容易に圧力団体として機能するものであり，それが現実に公共政策形成に重要な意味をもっているのである（正村 1979, pp.91-92）。

　図 2-2 に示されているように，大店法の成立に大きな影響を与えた利益集団ないし圧力団体としては，①中小小売店ないし専門店で構成される事業者団体

図 2-2　大店法に関わる利益集団の構図

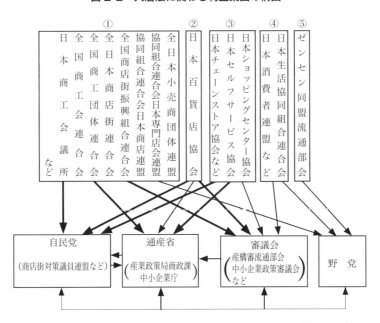

（注）利益集団相互に上部・下部組織の重複あり，太線の矢印は主要な影響力の方向を示す。
出所：小林 1980, p.135

やその上部団体（以下，中小小売商団体），②日本百貨店協会，③日本チェーンストア協会を中心とする新興大型小売店の事業者団体（以下，日本チェーンストア協会）などがあげられる（岩永 2009, pp.105-106）。

①中小小売商団体

中小小売商団体は，商業政策の形成過程において絶大な影響を与えた。そのリソースは，わが国小売商業[3]の大部分を占めている組織票にあった。中小小売商業は，そのほとんどが商店街に存在し，商店会や商店街連合会（商連）などを結成している。その商連は，市商連→県商連→全日本商連と行政区画にしたがってヒエラルキー的に組織化されている。また専門店を中心とする日本専門店会連盟や日本商店連盟などはその上部団体として政治活動を行う全日本小売商団体連盟を組織している。これら中小小売商団体は，当初自発的な集団であったが，次第に法律的に制度化されてくるものもあり，税制や金融上で有利に行動し，中小企業庁の振興・助成策を通して国や県から補助金を受けているものもあった。

このように中小小売商団体は，歴史的に古くかつ強力に組織化された組織票を背景として政治的に絶大な影響を与えた。また中小小売商団体を構成する中小小売商業の多くは，中小零細な家族経営で商売をしている**生業型中小小売商業**が多い。そのために，これらの生業型中小小売商業の行動は，経営近代化をはかろうとするより，費用をかけずに現状をできるだけ維持することにあった（大山 1986, p.58）。したがって中小小売商団体は，百貨店ばかりでなく大型スーパーを含む大型店の許可制の導入と規制強化を要求したのである。

②日本百貨店協会

日本百貨店協会は，1948 年に設立された歴史の古い団体であり，旧通産省から流通外資に関する意見を求められるなど，わが国小売商業の主要な問題をほとんど引き受けてきた経緯があった。そのリソースは歴史の古さと少数で構成されている組織の結束力の強さであり，それとともに政治資金として特定政党への献金額も多い。この日本百貨店協会の主張は，スーパーへの対抗という点では中小小売商団体の主張と歩調を同じくしていた。大店法の制定に際して

は，百貨店法改正にいち早く改正私案を発表し，スーパーなどの疑似百貨店を百貨店と同様に規制の対象に加えつつ，従来の許可制を届出制にして規制緩和を要求したのである（大山 1986, p.57）。

③日本チェーンストア協会

日本チェーンストア協会は，1967 年に発足して次第に影響力を強化しつつあり，　議員のパーティ券を引き受けるなど資金を重要なリソースとしていた。しかし，大店法の制定に際しては，歴史が新しいうえにスーパー業界で各社相互の競争が激しく，経営には強くても政治には弱かった。そのために，大店法成立の政治的影響力の行使にあたっては，他の利益集団に比べて遅れて開始したうえに，各社が個別行動をするなど結束力も弱かった。

この日本チェーンストア協会は，大型店の規制緩和を主張し，当初百貨店法の全廃を求めていたが，その後届出制を確保できればよいと軟化せざるをえなかった。この協会は，歴史の浅さとその結束力の弱さによって，大店法の制定をめぐる圧力活動に対して影響力が弱かったのである（大山 1986, p.57, 小林 1980, pp.139-140）。

3.　政府の影響力

（1）政治家や政党（政府与党）

当時の政党（政府与党）の意識や行動は，基本的には中小小売商業の保護・育成に偏向していた（小林 1980, p.141）[4]。こうした中小小売商業の保護・育成政策は中小小売経営者の生活保障という社会政策的視点からも雇用達成という経済政策的視点からも決して無視できなかった。たしかに，ある政党にとっては，中小小売商業の保護・育成政策がある時には社会的目標に合致し，またある時には経済的目標を達成するために実施されたものであるが，その本音の部分は大票田からの支持という政治的目標を達成しうる性格のものであった。このように政治家による票の獲得という政治的目標は政府与党だけでなく他の政党も同様に魅力的なものであった。とりわけ，現代の「多塊化」した社会では，政党の支持基盤の多様化と各職業集団の複数政党支持への分裂が特徴となって

おり，しかも各政党の政策メニューも類似化する傾向を示していた。したがっ
て，各政党をして熾烈な政治競争へと導くことになり，そのためにも中小小売
商業を政府与党へ向けさせることが不可欠になってきたのである（小林 1980,
pp.141-143）。

(2) 行政官僚（旧通産省と商工会議所等）

　旧通産省は，本来わが国の産業政策の推進者として経済発展に積極的に貢献
してきた。しかし，中小企業政策をめぐる政治過程には政治家の介入が強く，
旧通産省の行政分野のなかでも独自の領域をなしており，政治的交換の恩顧主
義的な性質という点で，本来の一般的な産業政策よりもむしろ農業政策に近い
ものになっていた（内山 1998, p.12）。したがって中小小売商団体の政治的影
響力が強く，大型店紛争における利害調整を積極的に行うことは危険であり，
さらに公正で合理的な利害調整がわからない以上，その行動は消極的にならざ
るをえなかった。

　このように旧通産省は，各地の大型店紛争を静観してできるかぎり業界内で
の自主的な解決を望んでいた。旧通産省は，紛争が政治問題化する場合は，で
きるだけ法律の制定や改正などの立法措置を避けて通達などによる**行政指導**
（行政措置）によって，**審議会**等を通じて関係者の合意形成をはかりながら利
害調整を行うという消極的な行動をとったのである。つまり，多くの行政機関
が特定の利益集団の利益を代弁するという縦割り的に編成されているのに対し
て，旧通産省における大型店問題の担当部署である産業政策局の大規模小売店
舗調査官付は，少数の職員と少ない予算でもって大型店と中小小売店の諸利益
を「代弁」するというより「調整」するという，いわば横割り的な機能をはた
すことが期待されているところに特徴があった（大山 1986, pp.60-61）[5]。

　そこで，少数の職員と少ない予算の旧通産省による大型店紛争の利害調整は，
必ず商工会議所等や**大規模小売店舗審議会（大店審）**に意見照会や諮問をして
おり，また大店審は必ず地元の商工会議所等に諮問していた。したがって，各
地の大型店紛争の実際の利害調整は，地元の商工会議所等に事務局を設置して
いる**商業活動調整協議会（商調協）**が行っていたのである（大山 1986, p.62）。

図 2-3　大店法による商業調整の仕組み（第 1 種大規模小売店舗）

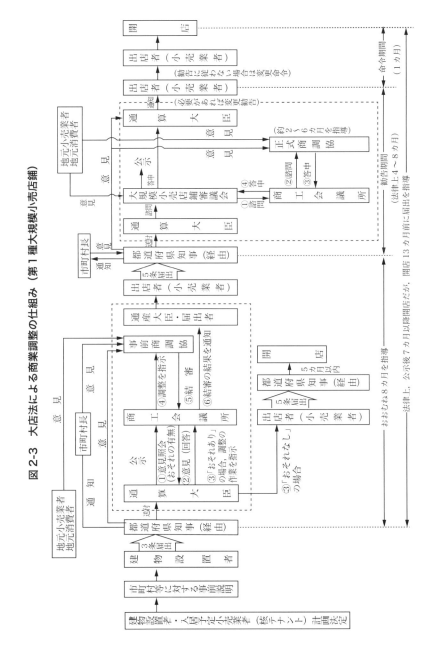

原典：『商調協の手引き』（日本商工会議所，1985 年），p.74

出所：大山 1986, p.63

　図2-3にみられるように，大店法による第1種大規模小売店舗出店までの調整メカニズムを単純化すれば，「3条届出（建物設置者の届出）→5条届出（出店小売業者の届出）→勧告→命令→開店」となる。

　大店法による大型店紛争の利害調整方式は**地元民主主義**と呼ばれ，地元の利害対立は地元で調整するというのが一般原則であり，そのための調整機関が商工会議所等を事務局とする商調協であった（大山1986, pp.67-68）[6]。したがって，商工会議所等は，政府と地元商業者との中間にあって，行政とは融資と情報の交換，政党（与党）とは保護政策と票の交換を媒介する役割をはたしていた。その意味では，本来の商業者の利益集団的性格から行政機関的性格を強めることによって自己の組織の維持・拡大につながっていったのである（大山1986, p.70）。

　大店法による大型店紛争の利害調整は，改正大店法（第1種大規模小売店舗と第2種大規模小売店舗に分化した利害調整）によって，いっそう地元による利害調整（第2種大規模小売店舗の都道府県知事による認可および店舗面積500㎡未満の横出し規制）が拡大・強化されたのである。

第3節　大店法の成立過程

　大店法の成立過程は，各種の小売商団体からなる各利益集団，各政治家（政党），旧通産省や商工会議所等の行政官僚との間の交渉・説得による利害調整活動のメカニズムとして捉えることができる。つまり，①中小小売店と大型店との紛争の発生→②法制定による規制を求める中小小売店の政治運動→③行政措置と各政党による法制定の動き→④審議会の設置と法案作成→⑤行政官僚と各政党間の対立と妥協として捉えられ，さらに⑥各利益集団による政党や行政官僚への圧力行動→⑦法案作成における政党や行政官僚との間の説得・妥協→⑧政党や行政官僚からの各利益集団への説得・調整→⑨大店法の成立（鈴木1982, p.34）というフローチャートで示される。

　そこで，政党ならびに行政官僚（旧通産省）の政治的行動をみると，政党は

自己の社会的基盤となりうる利益集団の意向に重きを置く傾向があった。つまり，政府与党は票田としての中小小売商団体の圧力と政治資金供給者としての大型店団体の圧力をどのように調整するのかという政治的課題に直面した。このような状況において，政府与党は届出制を主張する旧通産省に許可制への圧力を強めていく。旧通産省は政府与党の圧力に対して届出制という建前を貫きながら実質的な許可制という修正案を提示し，政府与党は許可制を見送り旧通産省の修正案に同意した。

　このような政府与党の行動は，中小小売商団体ないし大型店団体の双方に不満を残すが，最終的には説得に応じた。それは，中小小売商団体に対しては「規制強化」を勝ち取ったという形を示し，大型店団体に対しては「許可制の断念」という形を示して，両団体ともある程度の主張が受け入れられて納得したからである。また政府与党にとっては，中小小売商団体からは「票」を大型店団体からは「政治資金」を得ることができるという最も効果的な政治的行動をとったといえよう（鈴木 1982，pp.35-36）。

　次に，旧通産省は，生産部門における近代化・合理化志向の産業政策を本来の政策課題としており，流通政策においても「規模の利益ないし小売業の有効競争」という流通合理化・近代化を志向した。そのために大型店の規制という政治的介入に対しては，「やっかいな問題」あるいは「特殊な問題」として対処しながらも，大店法の成立に際しては，「規制」を「調整」として，法条文の目的のなかにも「小売業の正常な発達」という近代化志向を貫いたのである。

　こうして旧通産省の政治的行動は，①大型店問題の表面化に際しては立法措置でなく行政指導という形の柔軟な紛争処理で対処し，②大型店規制が法的・政治的措置をとる場合には，旧通産省の政策目標の追求と政党を含む各利益集団の意見調整や駆け引きの場として審議会を設置し，それを通した形で法案作成に取り掛かった。このような旧通産省の行動は，「立法過程での役割」と「諸利害の調整の役割」を遂行することによって自らの存在意義を高めることにあった（鈴木 1982，pp.34-35）。

　このように大店法成立に関わる各政策主体の行動をみると，利益集団として

は大型店出店の許可制を要求する中小小売商団体，それに反対する大型店団体
との対立がみられ，それをめぐる政府としては許可制に賛成する政府与党，届
出制を主張する旧通産省という政治的状況が窺える。

　ともあれ，大店法による大型店出店の調整メカニズムは単に届け出れば開店
できるといった単純な届出制とは異なっていた。それは，地元商工会議所等の
事前説明や商調協のレベルと旧通産局や本省の大店審のレベルで利害を調整
し，うまく調整できなければ勧告や命令が出されるという，いわば**「事前審査
付き届出制」**と呼ばれるものであった。このかぎりなく許可制に近い「事前審
査付き届出制」は，許可制導入を主張する中小小売商団体やその代理人である
政府与党の多数派と，届出制でよしとする百貨店やスーパーの大型店団体と旧
通産省との妥協の産物であったといえる（大山 1986，p.65）。

　さらに，大店法成立における「利益集団－政党―行政官僚」という３者間の
行動関係ないし政治力学は，大型店出店に関わる利益集団が中小小売商団体と
大型店団体との相反する行動（厳密には中小小売商団体，百貨店協会，チェーンス
トア協会の３つの行動）を取ったことにより，行政官僚（旧通産省）＋利益集団（大
型店団体）vs 政党（政府与党）＋利益集団（中小小売商団体）という図式が考え
られた。したがって，それだけ政府とりわけ旧通産省による利害調整は難航し
たばかりか，その妥協の産物として成立した法律（条文）ないしその行政（運用）
にも大きな混乱がみられたのである。

注
1) 　この流通近代化政策を提示したものが1968年の第6回中間答申『流通近代化の展
　　望と課題』であった。ここでの政策ビジョンは，流通部門に対する合理化・近代化を
　　志向するものであり，その意味では，ここにはじめて経済政策の一環として商業政策
　　ないし流通政策が登場したといえる（通商産業省企業局編（1968）『流通近代化の展
　　望と課題』大蔵省印刷局）
2) 　圧力団体は，政府の決定に影響を与えることを明確に意図して圧力をかけようとし
　　てつくられた人々の組織された集団である。また集団は単に共通の社会的特性によっ
　　て1つの集合に含めることのできる人々の総体を指している。これに対して組織ない
　　し団体は共通の目的を追求する必要から1つの意思をもった主体として共同の行動を

選択するために結合している人々の集団である（正村 1979, p.91）。

3)　大店法が制定された当時の昭和 47（1972）年度の商業統計によると，商店数は約 150 万店，従業者数は約 514 万人となっていた（通商産業省『商業統計表』昭和 47 年度）。

4)　1970 年代からはじまった流通近代化政策や流通システム化政策の一環として，中小商業部門の合理化により有効競争を促進することを志向していたが，その一方で中小小売業者保護の基本姿勢は一貫して続いたのである（小林 1980, p.141）。

5)　少ない予算は各地の出店紛争の実態に関する情報収集と大規模小売店舗審議会（大店審）の経費，審査指標の開発やその普及指導員，旅費などにあてられていた（大山 1986, pp.61-62）。

6)　大店審が学識経験者だけで構成されているのに対し，商調協は地元の商業関係者，消費者，学識経験者の 3 者で構成されていた。商調協の利害調整には直接利害関係者も含まれ，利害対立が発生し意見が分かれた。そこで，学識委員だけによる小委員会が，商調協における審議経過を踏まえ，意見集約して調整原案をまとめていくことが多かった（大山 1986, pp.67-68）。

参考文献

1)　岩永 忠康（1998）「小売商業調整政策」鈴木 武・岩永 忠康編『現代流通政策論』創成社

2)　岩永 忠康（2009）『現代日本の流通政策―小売商業政策の特徴と展開―』創成社

3)　内山 融（1998）『現代日本の国家と市場』東京大学出版会

4)　大山 耕輔（1986）「官僚機構―大型店紛争における通産省・商工会議所の『調整』行動―」中野 実編『日本型政策決定の変容』東洋経済新報社

5)　小林 逸太（1980）「商業調整政策の決定過程」早稲田大学社会科学研究所『社会科学討究』第 25 巻第 2 号

6)　鈴木 幾多郎（1982）「商業調整政策の形成過程と政治的メカニズム」『マーケティングジャーナル』第 2 巻第 4 号

7)　通商産業省企業局編（1968）『流通近代化の展望と課題』大蔵省印刷局

8)　通商産業省企業局編（1972）『流通革新下の小売商業―百貨店法改正の方向―』大蔵省印刷局

9)　通商産業省『商業統計表』昭和 47 年度

10)　正村 公宏（1979）「経済政策の改革と圧力団体の役割」東洋経済新報社『週刊東洋経済臨時増刊　近代経済学シリーズ No.47』No. 4122

11)　森下 二次也（1994）『現代の流通機構』世界思想社

第3章

まちづくり政策

本章の構成

　第1節　まちづくりへの問題提起

　第2節　まちづくりの概念

　第3節　まちづくり政策の経緯

　第4節　新たなまちづくり論へのアプローチ

　本章のポイント

　　本章では，近年注目されている「まちづくり政策」を取り上げる。そこで，まちづくりの概念を説明した上で，まちづくりの経緯を商業との関係から時系列に捉えることで，わが国のまちづくり政策への理解を深める。そして，今後のまちづくりにおける小売業の果たす役割に着目しながら，新しい「まちづくり論」について学習していく。

　　○第1節では，まちづくりに対する問題提起を行う。

　　○第2節では，まちづくりの語源ならびに概念について学習する。

　　○第3節では，まちづくり政策を時系列で捉えながら理解を深める。

　　○第4節では，小売業の果たす役割に着目しながら，今後の新たなまちづくり論への接近方法を考える。

第1節　まちづくりへの問題提起

　近年，「**まちづくり**」に関する政策は，「**まちづくり三法**」によって実施されてきた。まちづくり三法とは，1998（平成10）年に制定された大規模小売店舗立地法（以下大店立地法と略称）と中心市街地活性化法に加えて，同年に改正された都市計画法の3つの法律をまとめた総称である。そして，2005（平成17）年の大店立地法の指針改定，その翌年の2006（平成18）年における中心市街地活性化法および都市計画法の改正によって，新たに「**改正まちづくり三法**」としてスタートして，2020（令和2）年現在で約15年が経過しようとしている。

　まちの中心市街地に位置する商業（中心商業）に関する議論は，古くから存在しており，以前は，まちの中心部にある中小零細小売業の経営問題や，大型店の出店・撤退に係る問題（ここではまとめて「大型店問題」とする）にスポットが当てられていたが，各地で郊外型の大型ショッピング・センター（以下SCと略称）やショッピング・モールといった，いわゆる**計画的商業集積**の増加が顕著となり始める2000年前後からは，「都心商業」対「郊外商業」といった商業に係る競争の質的変化に関する指摘（宇野1998，南方2005，柳2008など）や，中心市街地から大型店が撤退することで生じるさまざまな問題とそれに係る弊害（略して大型店撤退問題）が懸念されている（中条2007，岩永2013など）。つまり，従来の大多数の中小零細商業と大規模商業（大型店）との間における競争関係が，新たなステージへと移行しているとの見方ができよう。

　このような状況下で，当該地域で生活をする地域住民が置き去りにされた「まちづくり論」が進められてきた感は拭い去れない。そもそも「まちづくり」とは，当該地域に居住するわれわれが，その主役であり議論の中心となるはずである。

　そこで，次節以降ではまちづくりの原点に立ち返るべく，まちづくりとは何かを理解しながら，これまでに行われてきた「まちづくり政策」について言及

する。そして，これからの「まちづくり」に関して，新しい商業者の活動をも
踏まえて捉えることにする。

第2節　まちづくりの概念

1．「まちづくり」の語源

　まずここでは，「まちづくり」について理解を深めることにする。この「ま
ちづくり」の「まち」の文字は，漢字で「町」や「街」が使われる場合もある
が，石原（2018）によれば，文献で最初に登場するのは「町づくり」である。
その初出とされる増田（1952）では，戦後の都市の自治や都市の再編をテー
マに「新しい町づくり」によって都市のあり方が提起され問われたのである。
その後は，都市計画や建物の建築にも「まちづくり」の概念が取り入れられる
ようになったとされる。

　また，小売研究の分野で最初に「まちづくり」の表現が用いられたのは，先
に挙げた石原（2018）が紹介しているように，日本商工会議所（1971）にお
ける住みよい「まちづくり」である。日本の高度経済成長期の後期に入り，中
心地と郊外地における新たな地域問題の認識が芽生え始めた時期に，小売業が
まちづくり上の構成メンバーとして登場する。つまり，1970年代に入り都市
の拡大とともに，中心部にある商業と郊外部の商業の立地問題や計画的な整備
（ハードの整備を含む）に係る問題が表出するとともに，地域の商業のあり方が
問われるようになったのである。

2．まちづくりの多義性

　さて，「まちづくり」の用語に係る日本語文献の初出は，以上の通りであるが，
続いてまちづくりの概念について探ることにする。まず，伊藤（1995）は，「街
づくり」として国際的に用いられている表現が「アーバン・プランニング」や
「シティ・プランニング」，「タウン・プランニング」であることを紹介してい
る。そこで使用されているプランニングの意味は，都市圏内あるいは市街化区

域（アーバン），都市（シティ）あるいは町（タウン）に居住する人々のみならず，仕事等でその地に密接に関わりをもつ人々がその地で直面する諸問題を解決し，その地が人々にとって物資，精神両面において豊かなものになるよう計画すること（伊藤 1995, p.161）である。このことから，欧米諸国の「街づくり」は，何らかの計画に基づいて完全にコントロール下におくことが理念として感じられる。

　ちなみに，建築工学の分野において，Alexander (1987) は，三次元の空間として扱われるべき複合化した実体としての都市の全体性をつくりだすプロセスを「まちづくり」に求めている（難波監訳 1989, pp.25-26）。まちづくりとしては，その結果こそが重要（計画を達成しなければ意味がない）であるとの指摘もあるなかで，まちづくりプロセスに着目している点は，流通やマーケティング研究分野においても参考にするべき点である。

　次に，渡辺 (1999) は，「まちづくり」とは地域の活力や活気を高めるための諸施策，換言すれば社会的・文化的要素を含めた地域社会（コミュニティ）のあり方に関する総合的な構想ないし計画，市民・住民参加型の運動と言及している。最近，各地でまちづくりを通じて地域活性化を志向する動きが見られるなかで，「まちづくり」が都市計画や地域計画よりも包括的な意味合いで用いられることが多い（渡辺 1999, p.26）との考えを示している。

　さらに，石原 (2000) は「まちづくり」の言葉のイメージが多様であり，ハード事業とソフト事業の区別が曖昧にならざるを得ないことを指摘しながら，ソフトの側からハード面をデザインする「まちづくり」のイメージについて言及している。また，まちづくりは商業振興の問題を超えた都市全体の問題であるとの認識を示し，したがって，まちづくりは，比較的限定された地域の生活に密着した生活基盤をもつ人々によるものでなければならない（石原 2000, p.50）と述べている。

　西村 (2010) では，石原 (2000) と同様に，まちづくりの多様性を認めた上で「地域環境をめぐるまちづくり」，「地域社会をめぐるまちづくり」，「地域経済をめぐるまちづくり」の3点を挙げ，まちづくりを横断的に捉える必要性を説いて

いる（西村 2010, pp.38-40）。

　以上のように，「まちづくり」は多義的に捉えられている。つまり，まちづくりがそれだけ学際的な問題を抱えており，今日，多方面からのアプローチを必要としていることの証である。

第3節　まちづくり政策の経緯

　本節では，今日に至るまでの「まちづくり政策」は，どのようなものであったかを振り返りたい。ここでは大きく，①「まちづくり政策の萌芽期」としてまちづくり三法制定以前（1980〜90年代後半），②「まちづくり政策の模索期」として，まちづくり三法制定時からその後の改正まちづくり三法実施期（1990年代後半〜2000年代）に分けて言及する。

1．まちづくり政策の萌芽期（1980〜90年代後半）

　小売業が本格的なまちづくりの主役として登場するのが，通商産業省産業政策局・中小企業庁編(1984)の『80年代の流通産業ビジョン』で「**コミュニティー・マート構想**」[1]が言及されてからであろう。商店街の競合相手が百貨店からスーパーマーケットへと移行しつつある時期に，商店街の快適な環境整備を志向する方向へと施策転換が示されたのである。ここでの流通政策における基本方向の1つとして，中小小売業者への自主的なまちづくり活動を支援する動きがある。つまり，単なる買物場所から「暮らしの広場」へと，地域住民のニーズを充足させるよう商店街の社会的機能を高めるために「コミュニティー・マート構想」が打ち出された。

　具体的には，①商店街の近代化のための投資が地域社会の良質な財産（ストック）となるよう，長期的なまちづくりの方向に沿った計画を推進すること，②商店街を買物以外の目的でも地域住民が利用できる空間（暮らしの広場）へと作り変えるために，コミュニティー・ホール（集会場），ポケット・パーク（小公園）などの公共施設の整備等を行うことである（通商産業省産業政策局・中小

企業庁編 1984, pp.91-92）。それは従来から進めてきた商業ないし流通の近代化ならびに合理化政策としての「経済的効率性」の追求に，新たな「社会的有効性」といった視点を取り入れたものと理解される（岩永 2004, p.138）。

　上述の商店街に対する施策は，通商産業省商政課編（1989）の『90 年代の流通ビジョン』にも引き継がれることになる。具体的には，流通政策の目標実現のために 9 つの課題の達成が提示されており，その 1 つに「商店街の活性化と『**街づくり会社構想**』」なるものがあり，地域において経済・社会・文化的側面から役割を果たすよう商店街の機能を強化して魅力を高めることが挙げられている（通商産業省商政課編 1989, p.146）。

　ここでも，商店街は単なる買物をするだけの場所から，地域の人々が生活する上で必要なさまざまなニーズを充たすために集い交流する暮らしの広場（コミュニティー・マート）へと社会的文化的機能を高める必要性について言及されている。そして，商店街リーダーの若返りと人材教育によって，地域社会に根差す意欲ある中小小売業の主体的かつ積極性による組織化と戦略的計画に基づく商店街活動の活性化を提案する一方で，市町村等地方公共団体および商店街振興組合等の出資・拠出に基づいて設立する「**街づくり会社**」により，商店街の公共的共同施設等の整備を進めることへの融出資に係る支援，すなわち「街づくり会社構想」を推進すること（通商産業省商政課編 1989, p.152）が盛り込まれた。

　この間の 1980 年代半ばから 90 年代初めにかけて，小売分野では，1974（昭和 49）年から施行された大型店の出店調整政策である「大規模小売店舗法（以下大店法と略称）」を代表格として，欧米諸国からはさまざまな面で規制緩和が求められていた。その傾向を決定づけたのは，1989（平成元）年から始まった日米構造協議であり，最終的には調整政策としての大店法の廃止へとつながり，大型店の郊外への出店が加速することになった（石原 2018, pp.20-21）。

　一方で，少なくとも 1990 年代に入る前から都市中心部における商店街，とりわけ地方都市における近隣型商店街では，「**空き店舗問題**」が顕在化しつつあった。商店街における空き店舗は，大型店の郊外出店の増加にともない，

1998（平成10）年に施行された中心市街地活性化法（中心市街地における市街地の整備改善及び商業等の活性化の一体的推進に関する法律）という新たな法律の制定でもって，解決策を模索することになった。

　以上の点は，さらに1990年代から2000年代に向けてのまちづくり施策へと踏襲されるが，それは通商産業省産業政策局・中小企業庁編（1995）の『21世紀に向けた流通ビジョン』のなかの「まちづくりと商業（第6章）」における，中心市街地の「商業の空洞化」という表現からもわかるように，まちの中心部における商業問題にスポットが当てられた。つまり，後継者や新規出店者の不足，大型店等の撤退により中心市街地の「空洞化」が，にぎわいを創出する場としてのまちの核を失わせることに警鐘を鳴らしたのである。

　また，後に制定される「大店立地法」への布石となる大規模商業施設の新たな整備が交通渋滞を発生させたり，住民の生活環境や既存の景観を損なわせたりする恐れを最小限にするための施策が提言された（通商産業省産業政策局・中小企業庁編 1995, pp.115-117）。

2．まちづくり政策の模索期（1990年代後半〜2000年代）

　政府や地方自治体の流通過程への介入は，①流通や商業の活動に直接関与するものと，②流通の外枠を整備するものとに大別することができる[2]。前者は，すでに廃止されている「百貨店法」や「大店法」に代表される商業間の調整機能を担う調整政策と，「中小小売商業振興法」や流通近代化政策等の中小小売業の振興を図る振興政策があり，後者は，競争政策の1つである「独占禁止法」や本章で取り上げるまちづくり政策などを挙げることができる。

　佐々木（2008）によれば，まちづくりの視点が流通政策に取り入れられる背景には，①政策主体における姿勢変化や，②まちづくりの推進を訴求する市民運動以外にも，③大型店の出店規制が厳しかった時代の小売業者の反対運動が指摘されている。とりわけ，1980年代から90年代にかけての大型店の出店規制緩和の機運の陰で，中小小売業の草の根運動が，今日のまちづくり政策への展開に影響を与えた点は看過できない。

　この時代背景と合致するように，まちづくり施策が具体的に始動するのが 1990 年代後半である。流通政策にまちづくりの視点が取り入れられてから，すでに 15 年が過ぎていた。1997（平成 9）年 5 月から 11 回にわたり，通商産業省（現経済産業省）の産業構造審議会流通部会と中小企業政策審議会の合同会議において大店法の改廃議論は加速し，同時に中心市街地の活性化に関する法案は同年 8 月に中間のとりまとめが行われ，翌年の 1998（平成 10）年には，まちづくり三法の概要が整備された（佐々木 2008, pp.209-210）。

　ここで改めて，まちづくり三法とは何かについて概要を示せば，表 3-1 のようになる。まちづくり三法とは，①大規模小売店舗立地法（1998 年制定，2000年施行），②中心市街地活性化法（1998 年制定・施行），③改正都市計画法（1968年制定，1998 年改正）を合わせた総称であり，主として中心市街地の再生を目的としてスタートしている。とりわけ，大店立地法は，大型店が出店する際に交通・騒音・廃棄物処理等の社会環境を基準にその出店を調整するもので，これまでの大店法（中小小売業の保護を主たる目的とした経済的規制）とは異なり，地域の生活環境の保全と計画的な地域づくりを主たる目的とした社会的規制（岩永 2004, p.140）である。

　中心市街地活性化法は，調整政策としての大店立地法とは異なり，振興政策

表 3-1　まちづくり三法の概要

法律名	制定年月（最上段）施行・改正等年月	管轄省庁	概要
大規模小売店舗立地法	1998 年 5 月 2000 年 6 月 2005 年 3 月指針改定	経済産業省	交通・騒音・廃棄物などの生活環境維持の観点から勧告。
中心市街地活性化法	1998 年 7 月 1998 年 7 月 2006 年 6 月改正	経済産業省国土交通省総務省など	商業施設の郊外出店・公共施設の移転等で衰退した市街地の活性化を目標。
都市計画法	1968 年 6 月 1998 年 6 月改正 2007 年 11 月改正	国土交通省	市町村が特別用途地区を設定。街並も保存，商業開発の促進・規制が可能。

出所：笹川（2008），p.176 を修正加筆

に属すると考えられる。中心市街地活性化法は，①市町村等が中心市街地活性化事業の種々の支援を行うための基本計画を作成し，②その基本計画に則り，

中心市街地の運営・管理を行う機関，すなわちタウンマネジメント組織（TMO）ならびに民間事業者等が事業計画を作成し，③国が認定して支援する（渡辺1999, p.151）ことで進められた。

　一方の都市計画法は，都市の健全な発展と秩序ある整備を図り，国土の均衡ある発展と公共の福祉の増進に寄与することを目的につくられた法律であるが，複数回の改正を経て今日に至っている（渡辺　2018, p.47）。この都市計画法は，振興政策に位置づけられる中心市街地活性化法とも異なり，また上述した大店立地法と同列に捉えることはできないものの，どちらかと言えば調整政策的な性格をもち合わせているが，これまでに小売業に対しては大きな規制的影響力を有していなかった（渡辺　2018, p.47）。

　以上のまちづくり三法の制定・実施（施行）後は，政策上の成果において各法律の相乗効果に期待するところが大きかったと考えられる。つまり，施策上は，改正都市計画法により大型店が出店できる地域を規定し，それを前提に大店立地法の大型店の立地する周辺地域の生活環境を良好に保ちつつ，中心市街地活性化法によってまちの中心部におけるにぎわいを維持・再生（番場　2013, p.109）しようとしていた。しかし，想定していた以上に，中心市街地の空洞化ならびに大型店の郊外化の影響が各方面において深刻化していった。

　そこで，論点とされたのは，まず大店立地法では，全国一律の基準で店舗面積が1,000㎡以上(政令による)の小売店舗を大型店としているが，駐車場スペースを確保するには郊外の方が都市中心部と比べて容易であるため，大型店の郊外化に拍車をかけることとなった（番場　2013, p.114）。それ以外でも，法の適用外対象である大型店に併設されているサービス施設も，実際には周辺環境に影響をもたらすことが問題視されていた。

　中心市街地活性化法では，想定外以上の郊外における商業等の活動が活発化したこともあるが，TMOが単なる補助金の受け皿としか考えられていないケースや，地域や自治体が全体として中心市街地の活性化に向かうべきところが，まちをマネジメントする機運に直結しなかった（番場 2013, pp.115-116）面も多いとされている。

　また，そもそも都市計画法では，市街化区域，市街化調整区域，未線引きの都市計画区域に分けられる「都市地域」に係る土地の利用計画に関して定められている。しかし改正都市計画法では，市町村が弾力的に運用できる「特別用途地区」制度や「地区計画」などの都市計画の手法を地域の実情に応じて適宜活用することができなかった（笹川 2008, p.179）点で，法制度の見直しを余儀なくされたのである。

　以上の論点や，その他新しい法制度の欠点を修正するべく，まちづくり三法のそれぞれの法律は，①大規模小売店舗立地法の指針改定（2005 年 3 月），②改正中心市街地活性化法（2006 年 6 月施行），③改正都市計画法（2007 年 11 月施行）として，新しいまちづくり三法（改正まちづくり三法）となった。なお，中心市街地活性化法は，「中心市街地の活性化に関する法律」と正式名称が変更され，より総合的な取り組みを実施できる法律へと変化した。

第 4 節　新たなまちづくり論へのアプローチ

1.　まちづくり三法の改正以降の小売業への期待

　改正まちづくり三法により，「コンパクトでにぎわいあふれるまちづくり」を目指す方針の下，コンパクトシティ化，大型店の郊外立地を制限する方向が打ち出されたのは，①大型商業施設を含むさまざまな都市機能の郊外立地の進展，②近年の小売業全体の不振，③中心市街地の「コミュニティ」としての魅力低下等により，中心市街地の空洞化が深刻化（経済産業省編 2007, pp.44-45）しているからである。とりわけ，中心市街地における商店街のさらなるにぎわいを創出する取り組みは，2009 年 7 月に制定された「**地域商店街活性化法**」[3]により進められている。

　まちづくり三法の改正により，小売業の目指す方向性がより鮮明となっている。具体的には，生産性・収益性の高い優れたビジネスモデルを実現し，そのビジネスモデルを競争力の源泉としたグローバル展開や持続可能なコミュニティ構築に取り組むことが求められている（経済産業省編 2007, p.47）。

　また，小売業に求められる社会的責任も年々重くなっている。例えば，環境問題に関する国内外の意識の高まりから，小売業の地球温暖化への対応（温室効果ガスの排出抑制，食品廃棄物や容器包装等のリサイクルなど）が強く要請されている（経済産業省編 2007, p.76）。今般のレジ袋の有料化（2020 年 7 月 1 日開始）は，ようやく実現された仕組みの 1 つに過ぎない。

2.　まちづくりに係る学問体系の再考

　前述してきた通り，まちづくりにはプロセスがあり，そのなかで課題も山積している。これまでの議論では，まちづくりが住人不在の議論となっている感は否めない。そうは言うものの，これまでに多くのまちづくりの成功事例があり，また失敗事例から学ぶことも多い。いずれにしても，学問体系を意識しながら「まちづくり」を考えることは有意義であると考えられる。

　前述した定義から「まちづくり論」を，①経済学的アプローチ，②社会学的アプローチに分けるとすれば，前者の観点からは，地域経済の活性化，商店街における集客力強化，伝統産業等の地域資源の再考などがあり，後者の観点からは，地域社会のコミュニティの醸成，地理的特徴を活かした市民活動などが挙げられるであろう。

　田中（2018）によれば，まちづくりの基本枠組みを，より包括的に考察するには「①商業学的アプローチ」，「②社会学的アプローチ」，「③都市計画的アプローチ」の 3 点からの接近手法に加えて，歴史的視点，理論的視点，政策的視点が必要であると言及している [4]。図 3-1 に示すように，3 つの円が各々重なる部分があり，①と②の重なる部分が「コミュニティビジネス」，①と③が重なる部分が「再開発」，②と③が重なる部分が「社会環境・施設」であり，さらに，3 つの円すべてが重なる部分が「まちづくりの核部分」となっている。そして，これらの 3 つの円を取り囲むトライアングルの各辺が「ア．歴史」，「イ．理論」，「ウ．政策」の視点である。

　われわれは，まちづくり政策を主として社会科学の領域から捉えてきた。他

図 3-1　まちづくりにおける学問的接近手法

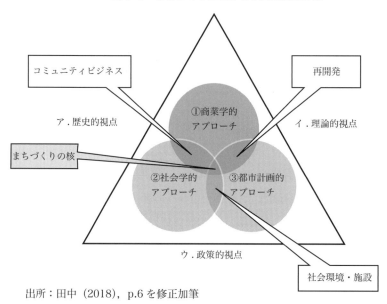

出所：田中（2018），p.6 を修正加筆

方で，いわゆる工学系分野（建築工学，環境デザイン科学等）からのアプローチ
も古くから存在しており，今後は都市計画からの視点も見直しが必要とされて
いる。例えば，簑原（1998）は，都市全体の構造や産業活性化の立場からの
都市計画が非常に少ないことを取り上げており，今までの都市計画の枠組みで
は，まちづくりは捉えきれないことを言及している。

　近年では，政策科学，防災・危機管理学，気象学等の側面からも捉えること
も多くなっている。このように，人文科学領域，社会科学領域，自然科学領域
等，まちづくりに要求されている学問体系は広がりを見せており，まちづくり
を新たな視点で考え直す時代となっている。改めて学際的な視野に基づき，ま
ちづくりを科学的に捉えることは，今や不可欠と言えるだろう。

3.　新しいまちづくりのイメージ

　新しい「まちづくり」と聞いて，何をイメージするだろうか。ある人は

1990年代に任天堂が発売した家庭用ゲーム機（スーパーファミリーコンピューター）ソフトの「シムシティ」を思い浮かべるかもしれない。簡単に説明すれば，プレイヤー（ここではゲームをする人）が「市長」になって「まちを大きく発展させる」ゲームである。まちを大きくするには「人」と「資本」が必要で，基本的には用途地域の「工業」，「商業」，「住居」の建設を進めると同時に，生活インフラ（電気，水道，道路等）や公共施設（図書館や公園等）を整備しながら，そのまちに住む人口を増やしていくのである。

　ゲーム上のポイントは，いかに「人が集まってくるまち」や「住みやすいまち」をつくるのかである。例えば，商業地を増やせば交通渋滞が発生するし，工場ばかりだと大気汚染等の公害が発生しやすくなる。もちろん，警察や消防をおろそかにすれば犯罪や火災が頻発し，**外部不経済**により「住みにくいまち」となるし，逆に施設等を作りすぎれば「財政」が逼迫し，人口の流出に直結するのである。

　上述したことはゲーム上（仮想空間）の話しではあるが，実際にはリアル上（現実空間）での話でも同様のことが言えよう。われわれにとって「住みやすいまち」の意味するところは，個々人で異なるかもしれないが，「住む上での環境が良いまち」に越したことはない。そもそも，まちは誰がどのようにつくるのであろうか。先のゲーム上ではプレーヤーが「市長」となり，まちづくりを行うわけだが，現実にはそう簡単ではない。

4.　商業を起点としたまちづくり

　上述の学問をバランス良くまちづくりに活かすに越したことはないが，やはり，「われわれの生活を中心とするまちづくり」が自然体ではなかろうか。われわれ消費者としての基本は「衣食住」である。

　消費を考えた場合，従来から小売業を介した購買，いわゆる有店舗（リアル店舗）における購買が行われてきた。その一方で，比較的歴史も長い無店舗販売の代表格である通信販売による購買手段も存在しており，2000年代以降に顕著となっているインターネットを利用した「物販」，「サービス」，「デジタ

ルコンテンツ」の各種無店舗（バーチャル店舗）販売の台頭による購買が年々増加傾向にある。経済産業省商務情報政策局情報経済課（2020）によれば，2019 年における企業と消費者との間における電子商取引（**B to C EC**）の市場規模は，19 兆 3,609 億円と過去最高を記録している[5]。

とりわけ，インターネットを媒介とした無店舗からの購買は時間を選ばない。つまり，現代のモノ（商品）ならびにサービスの消費においては，もはや「時間」や「場所」は問わない時代となりつつある。

しかしながら，すべての消費がインターネット通販でカバーできるわけではなく，依然としてわれわれの商品購入の大部分は，有店舗において行われている。つまり，衣食住に係る基本的な消費を支えているのが商業者であり，これからのまちづくりにおいては，以前よりも増して商業者の存在やその果たす役割がより重要となっている。その点では，従来から小売業を中心とした商業活動が，単純に物品販売機能だけではなく，今日はレジャー要素，カルチャー要素なども加えて行われており，都市生活のコーディネーターとしての商業者が期待されてきた（藤田 1994, pp.86-89）。

また，小売業が「まちづくり」の重要な担い手であることは，渡辺（1999）も指摘しているように，交通網，行政，教育，文化，医療，レジャー等の諸施設と同様に，都市や地域社会の構成要素であるとともに，多様な人々を引きつけ，都市ににぎわいをもたらし地域社会の活力の源であるからに他ならない。

このように，ネットを介した消費が世間一般で浸透しつつあるなかで，多様化する「消費」に拍車をかけている。その対応策の1つとして，商業者のネットとリアルの融合も「**オムニチャネル**」[6]を通じて始まっている。これまでと比べて確実に消費そのものの質的変容が認められるなかで，商業者が中心となり，単なる「消費」ではなく，「経験価値」を含めた「消費」を意識したまちづくりを考えなければならないであろう。

注

1)　コミュニティー・マート構想とは,「地域社会に調和した新しい商店街づくり」を指している（通商産業省産業政策局・中小企業庁編 1984, p.16）。
2)　佐々木（2008）, p.203。
3)　正式名称は「商店街の活性化のための地域住民の需要に応じた事業活動の促進に関する法律」である（岩永 2013, pp.143-144）。
4)　田中（2018）では,田中（2006）の「まちづくりの三者関連構造」を「3要因と歴史・理論・政策」へと発展させている。
5)　2019 年における B to C EC の市場規模の内訳は,「物販系分野（10 兆 515 億円）」,「サービス系分野（7 兆 1,672 億円）」,「デジタル系分野（2 兆 1,422 億円）」である（経済産業省商務情報政策局情報経済課 2020, p.30）。
6)　オムニチャネルでは,消費者がリアル店舗, スマホ, パソコン, テレビなどオムニ（全て）の環境で継ぎ目無く, つまりシームレスに買物ができる状況を指す（朝永 2013, p.2）。

参考文献

1)　石原 武政（2000）『まちづくりの中の小売業』有斐閣
2)　石原 武政（2018）「商業とまちづくりの系譜」石原 武政・渡辺 達朗編『小売業起点のまちづくり』碩学舎
3)　伊藤 公一（1995）「欧米の街づくりと中小小売業」阿部 真也編『中小小売業と街づくり』大月書店
4)　岩永 忠康（2004）『現代日本の流通政策』創成社
5)　岩永 忠康（2013）「大型店撤退問題」岩永 忠康・佐々木 保幸編『現代の流通政策』五絃舎
6)　宇野 史郎（1998）『現代都市流通のダイナミズム』中央経済社
7)　宇野 史郎（2012）『まちづくりによる地域流通の再生』中央経済社
8)　経済産業省編（2007）『新流通ビジョン』経済産業調査会
9)　経済産業省商務情報政策局情報経済課（2020）『令和元年度　内外一体の経済成長戦略構築にかかる国際経済調査事業（電子商取引に関する市場調査）報告書』(https://www.meti.go.jp/policy/it_policy/statistics/outlook/r1_betten.pdf) 2020 年 7 月 28 日アクセス
10)　笹川 洋平（2008）「まちづくり三法の現状と課題」宇野 史郎・吉村 純一・大野 哲明編『地域再生の流通研究』中央経済社
11)　佐々木 保幸（2008）「流通政策の展開とまちづくり」宇野 史郎・吉村 純一・大野 哲明編『地域再生の流通研究』中央経済社
12)　田中 道雄（2006）『まちづくりの構造』中央経済社

13) 田中 道雄（2018）「まちづくりの基本枠組みと接近手法」田中 道雄・濱田 恵三・佐々木 保幸・稲田 賢次編『日本社会の活力再構築』中央経済社

14) 中小企業庁監修，全国商店街振興組合連合会編（1983）『商店街づくりへの提言』同友館

15) 中条 健実（2007）「駅前大型店の撤退と再生 - 地方都市の旧そごうの事例 -」荒井 良雄・箸本 健二編『流通空間の再構築』古今書院

16) 通商産業省産業政策局・中小企業庁編（1984）『80 年代の流通産業ビジョン』通商産業調査会

17) 通商産業省商政課編（1989）『90 年代の流通ビジョン』通商産業調査会

18) 朝永 久見雄（2013）『セブン＆アイ HLDGS. 9 兆円企業の秘密』日本経済新聞出版社

19) 西村 幸夫（2010）「まちづくりの枠組み」石原 武政・西村 幸夫編『まちづくりを学ぶ』有斐閣

20) 日本商工会議所（1971）『商業近代化地域計画報告書　昭和 45 年度版』。

21) 番場 博之（2013）「流通政策とまちづくり」岩永 忠康・佐々木 保幸編『現代の流通政策』五絃舎。

22) 藤田 邦昭（1994）『街づくりの発想』学芸出版社

23) 増田 四郎（1952）「都市自治の一つの問題点」『都市問題』4 月号

24) 南方 建明（2005）『日本の小売業と流通政策』中央経済社

25) 簑原 敬（1998）『街づくりの変革』学芸出版社

26) 柳 純（2008）「都心商業と郊外商業」宇野 史郎・吉村 純一・大野 哲明編『地域再生の流通研究』中央経済社

27) 渡辺 達朗（1999）『現代流通政策』中央経済社

28) 渡辺 達朗（2003）『流通政策入門』中央経済社

29) 渡辺 達朗（2018）「まちづくりと行政の役割」石原 武政・渡辺 達朗編『小売業起点のまちづくり』碩学舎

30) Alexander, C.（1987）, *A New Theory of Urban Design*, Oxford University Press, Inc.（難波 和彦監訳（1989）『まちづくりの新しい理論』鹿島出版会）

第 2 編

日本の流通政策の体系

第 4 章

流通競争政策

本章の構成

第1節　流通競争政策

第2節　流通系列化の問題

第3節　バイイングパワーの問題

本章のポイント

　日本の経済政策は特定産業を優先した産業政策を推進してきた。そのために流通政策も流通競争政策より流通振興政策や流通調整政策を重視して推進されてきた経緯がある。本章は，流通競争政策の概念を説明したうえで，独占禁止法を中心として流通競争政策について解説する。次に流通分野における独占禁止法の主要な政策課題として，寡占メーカーによる流通系列化の問題ならびに大規模小売業によるバイイングパワーの問題について考察する。

　○第1節では，流通競争政策の概念を説明したうえで独占禁止法の内容について学習する。

　○第2節では，寡占メーカーによる流通系列化の問題について学習する。

　○第3節では，大規模小売業によるバイイングパワーの問題について学習する。

第1節　流通競争政策

1.　流通競争政策の概念

　流通競争政策は，流通分野において市場機構が正しく機能するように方向づける政策である。通常，資本主義経済においては市場機構の健全な機能が競争を通じて確保されるかぎり，市場競争の維持・促進をはかるための流通競争政策が流通政策のなかで重要な役割を演じている（田島 1982, p.159）。

　資本主義経済は，市場経済に基づく自由競争を建前としているが，その競争原理には自ずと限界がある。いうまでもなく，寡占経済においては，寡占企業による市場支配，競争の制限などによって市場本来の競争が損なわれ，いわゆる市場の失敗として市場機構が大きく麻痺した状態になっている（中村 1983, p.205）。そのために，寡占企業による市場支配，競争の制限に基づく市場機構の麻痺を，公的介入によって競争的市場機構に回復し，本来の資本主義的市場競争の活力を回復させることが不可欠になってくる。そこで，国家（政府）は，独占禁止法やその関連法によって市場機構の麻痺に対して政治的調整機構の役割を担うことによって，そこでの売買取引や市場競争の枠組みを新たに保証するものとして機能している（岡田 1983, p.87）。

2.　独占禁止法

　独占禁止法（正式には「私的独占の禁止及び公正取引の確保に関する法律」，略称「独禁法」）[1] は，「私的独占，不当な取引制限及び不公正な取引方法を禁止し，事業支配力の過度の集中を防止して，結合，協定等の方法による生産，販売，価格，技術等の不当な制限その他一切の事業活動の不当な拘束を排除することにより，公正且つ自由な競争を促進し，事業者の創意を発揮させ，事業活動を盛んにし，雇備及び国民実所得の水準を高め，以て，一般消費者の利益を確保するとともに，国民経済の民主的で健全な発達を促進すること」（第1条）を目的としている。

　独占禁止法の目的は，私的独占の禁止，不当な取引制限の禁止，不公正な取引方法の禁止によって，公正かつ自由な競争を促進し，消費者利益の確保と経済の民主的な発展をはかることにある。この「公正かつ自由な競争」は，現実には有効競争を維持・促進させることによって達成することができる。

　なぜならば，現代の資本主義経済においては自由競争ないし完全競争は非現実的であり，調整機構としての市場機構のメリットを生かした現実的政策としては，市場が完全競争的でなくても競争が有効であるならば，市場成果は十分良好でありうるという認識のもとに，規模の経済と競争原理を同時に実現できる有効競争が最も現実的な市場競争として理解されているからである（中村 1983，p.147）。

　ところで，独占禁止法はあくまでも立法・法制である。同法によって経済過程で進行する資本や生産の集積・集中の傾向を阻止することはもちろん，この傾向に根ざした寡占企業のマーケティング活動による独占的行為を阻止することもできない。ただ，この法律は，著しく独占・共謀・不公正な取引などが発生した場合，それらを阻止してある程度まで市場競争が有効に機能するように，市場機構を回復することにある。しかし，わが国の独占禁止法は，多くの適用除外があり，例えば産業政策・不況対策・国際競争力の強化などを大義名分として独占的行為を容認している（岡田 1983，pp.87-89）。

　わが国において独占禁止法が資本主義経済秩序の基本として位置づけられるのは，市場競争の維持が経済の効率的な発展として経済資源の適正配分や技術進歩・経済成長・物価安定などの経済政策の目的を実現するために有効であると考えられているからである。それと同時に，市場競争の維持は，可能なかぎり市場の自動調整作用を生かし，私的な経済権力を分散させ，消費者の選択の自由と企業の事業機会の自由を確保することにもつながり，このことが自由で民主的な社会の存立基盤を形成するものと考えられるからである（根岸 1983，p.4）。

　ともあれ，流通競争政策は，寡占企業による市場支配ないし競争制限などによって市場本来の競争が損なわれ市場機構が麻痺した状態，いわゆる「市場の失敗」

を政策によって競争的市場機構に回復し，資本主義経済本来の市場競争を復活させることにある。そして，そのための法律としては，独占禁止法やその関連法があげられる。

3.　流通問題と競争政策

　流通分野における公正で自由な競争を促進することは，流通における効率性の確保，メーカーから独立した販売業者の育成，多様化した消費者ニーズへの対応等をはかり，流通本来の機能を発揮させるうえで極めて重要である。それによって，流通コストの引き下げや消費者利益の増大がもたらされ，流通に携わる事業者間の適正な資源配分が実現されるのである。

　流通分野における競争政策の目標は，競争のもつこのような役割を肯定し，競争条件の維持・確保を目指すものでなければならない。そのためには，競争政策と独占禁止法の的確な運用により，流通において公正で自由な競争を促進し，市場メカニズムが十分に機能しうるようにすることが重要である。具体的には，流通分野における競争制限的あるいは市場閉鎖的な制度や取引慣行を排除することにより，①事業者の市場への自由な参入が妨げられず，②事業者の取引先の選択が自由で自主的に行われ，③価格等の取引条件の設定が事業者の自由で自主的な判断で行われ，④公正な手段による競争が行われることが肝要である（矢部・山田 1996, p.40）。

　独占禁止法は，公正で自由な競争を促進するために，私的独占の禁止，不当な取引制限の禁止，不公正な取引方法の禁止をはじめとした実体規定を定めている。市場における事業者間の関係は，水平的関係すなわち競争関係，垂直的関係すなわち取引関係に分けることができる。このうち，水平的関係ないし競争関係には，①私的独占の禁止，②不当な取引制限の禁止，③事業者団体の規制，④企業結合の規制，⑤独占的状況の規制があげられ，垂直的関係ないし取引関係には不公正な取引方法の禁止があげられる（渡辺 2016, p.56）。

　この不公正な取引方法の禁止は，私的独占や不当な取引制限に該当するにいたらないが，自由な競争が制限されるおそれがある，競争手段が公正とはいえ

ない，競争の基盤を侵害するおそれがあるといった観点から，公正な競争を阻害するおそれ（公正競争阻害性）がある行為は，不公正な取引方法として禁止されている。

　この不公正な取引方法の禁止は，流通・マーケティング分野に最も関係している（渡辺 2016, p.58）。具体的に，流通分野における独占禁止法の主要な政策課題としては，寡占メーカーによる流通系列化の問題，大手小売業者によるバイイングパワーの問題などがあげられる。

第2節　流通系列化の問題

1.　流通系列化

　わが国の産業界において**流通系列化**が広く採用されるようになったのは，高度経済成長期において，寡占メーカーが流通分野に介入して自社製品の販売価格を維持・管理しながら販売を確実なものにしようとするために，積極的にマーケティング活動を展開したからである。その背景としては，第1に1950年代後半から技術革新による新生産方式の導入や新製品開発が活発に行われ，大量生産システムが確立し，それに対応して大衆消費社会が到来したからである。第2に高度経済成長のもとでの急速な消費市場の拡大に対応するためには，従来の小規模零細で分散的な販売網を整備するとともに自社の販売組織を確立しなければならなかったからである。第3に戦後急成長している家電製品や自動車などの耐久消費財寡占メーカーは，自社製品の専門的知識や技術支援を必要とするために，販路の拡張，小売店への資金的・技術的な援助，アフターサービスの充実などを含めた独自の流通経路を構築する必要があったからである。第4に寡占メーカーは相互間のマーケティング競争に勝ち抜く手段として，また自社製品の販売を強化するためにも，優れた販売業者を組織化して排他的な流通システムを構築することが競争上有利であったからである（岩永 2005, p.127，石居 1998, pp.195-196）。

　日本における流通系列化は，自動車・家電・医薬品・化粧品など製品差別化

の進んだ消費財分野にみられる。現実に行われている流通系列化の手段として
は，再販売価格維持契約・テリトリー制・一店一帳合制・専売店制などといっ
た販売業者を直接的に拘束する手段のほか，差別的リベート制・店会制・払込
制・委託販売制などの間接的な経路支配手段があり，これらの手段を巧妙に組
み合わせることによって強固な拘束体系を形成している場合が多い。いずれに
せよ，これらの流通系列化の手段は，市場支配力を背景に寡占メーカーが契約
を通じて販売業者の自由な取引を制限し，流通末端での価格拘束と販路確保を
めざすためのものである（鈴木 1992 年，p.213）。

　流通系列化 [2)] は，一方では，価格の硬直化を生み出す制度的な背景となり，
他方では，他の内外企業やそれらの製品に対する参入障壁となって，新規参入
の困難性を生み出すメカニズムとして作用している（鈴木 1998，p.94）。そこ
には，消費者のために自由な商品選択の機会を提供し，また低価格で商品を提
供するといった姿勢はみられない。

　流通系列化に対する規制は，流通分野における競争政策を推進するための規
制であり，日本では独占禁止法を根拠法として実施されている。しかし，わが
国政府において流通系列化が重要な政策課題として認識されるようになったの
は，1970 年代後半の低経済成長が定着するようになり，寡占メーカーの流通
支配がいっそう強化され，流通分野における競争が著しく阻害されるような事
態が生ずるようになった頃からである。その後，**日米構造協議**をはじめとして
政府による流通系列化規制を要求する声がこれまでになく強くなってきたと
いう事情からもいっそう重要な政策課題として認識されるようになった（鈴木
1998，p.94）。

　日本で行われているチャネル戦略の典型的なものとして流通系列化があげら
れる。流通系列化は，「製造業者（寡占メーカー―著者）が自己の商品の販売に
ついて，販売業者の協力を確保し，その販売について自己の政策が実現できる
よう販売業者を把握し，組織化する一連の行為を意味する」（野田 1980, p.13）。
これは，ふつう寡占メーカーと販売業者との間に締結された協定に基づいて，
寡占メーカーが販売地域・顧客・商品・価格などに関して販売業者の自由裁量

の余地を制約することによって達成される（白石 1986, p.62）。

　わが国の産業界で実践されてきた経路戦略の基本方向は，寡占メーカーが既存の卸売業者や小売業者から消費者にいたる流通経路を管理・支配するチャネル戦略としての流通系列化を特徴としている。　その場合の基本的な関係は，寡占メーカーが中小卸売業者・小売業者を支配・従属する関係が一般的であった。　つまり，寡占メーカーが高度経済成長期以来の大量生産・大量販売・大量消費という大量集中原理に基づき，市場シェアの向上をめざし，それを基盤とする市場支配力によって市場創造を行おうとする，いわゆる**パワー・マーケティング**（田村 1996, 序文 p.1）による経路戦略の一環としての流通系列化（チャネル戦略）であったといえる。

2.　流通系列化の形態

　1980 年の独占禁止法研究会の報告書「流通系列化に関する独占禁止法上の取扱い」が指摘した流通系列化の具体的形態として，次の 8 行為類型を説明しておこう（石居 1997, pp.155-158）。

(1) 再販売価格維持行為

　再販売価格維持行為は，売手が買手に対して転売価格を指示し，自己の欲する価格を市場で維持しようとすることである。本項では，買手の販売価格を直接拘束する行為と買手をして他の事業者の販売価格を拘束する行為が違法とされる。

(2) 一店一帳合制

　一店一帳合制は，製造業者が卸売業者に対して，その販売先である小売業者を特定し，小売業者にはその仕入先である卸売業者を限定することである。これは原則的に違法とされる。

(3) テリトリー制

　テリトリー制は，製造業者が効率的な販売体制を確立するにあたり，自己の商品の販売業者の営業地域を指定する制度で，これにはクローズド・テリトリー制，オープン・テリトリー制，ロケーション制などがある。クローズド・テリトリー制はその行為の外形から原則として違法と判断される。それ以外のテリ

トリー制は，有力な事業者が行う場合には，原則として違法と判断される。

(4) 専売店制

専売店制は，製造業者が流通網の把握，販売の拡充，アフターサービスの充実などを目的として，販売業者に対して競争関係にある他社製品の取り扱いを禁止したり制限したりすること。これは，①製造業者が併売店を専売店に切り替えさせ，その流通経路から競争業者の利用する可能性を排除する場合 (強要)，②有力な製造業者が専売店制を実施することによって，関係する流通経路の重要な部分が競争業者にとって閉鎖的状況におかれることとなる場合（客観的市場閉鎖）には原則として違法となる。

(5) 店会制

店会制は，製造業者が販売業者をして横断的な組織を結成するものであり，代理店とか特約店などをつくり協調を促進するものである。店会制が流通系列化との関係で独占禁止法上問題となるのは，製造業者が再販売価格維持行為・一店一帳合制等を有効に実施するにあたり，その組織・活動を利用する場合である。したがって店会制が機能している程度と他の行為類型との関係で判断される。

(6) 委託販売制

委託販売制は，製造業者が販売業者に一定の手数料を支払い，商品の所有権を留保しながら販売を委託するものである。これも店会制と同様に，価格や流通制限の手段に利用されると問題になる。

(7) 払込制

払込制は，製造業者が自己の商品の販売代金を回収するに当たり，販売業者から売買差益の全部または一部を徴収し，これを一定期間保管した後に，販売業者に払い戻す制度である。

公正取引委員会は，保留すべき性格を有しない売買差益の一部を保留しているもので，取引上の優越的地位の濫用に当たるとした。

(8) リベート制

リベート制は，一定期間に多額または多量の取引に基づいて，得意先に対し取引代金の一定の割合を払い戻す制度である。リベート制が独占禁止法で問題

となるのは，再販売価格維持行為，一店一帳合制，専売店制等の目的に利用された場合である。

　ともあれ，流通系列化は，寡占メーカーによる市場支配力を背景に販売業者（卸売業者や小売業者）の自由な取引を制限するものとして，垂直的な取引関係による不公正な取引方法の禁止行為にあたるものとして捉えられている。

第3節　バイイングパワーの問題

　第2節でみてきたように，流通系列化問題は寡占メーカーによる販売業者（卸売業者・小売業者）の不公正な取引方法に関わる独占禁止法上の違法性の問題であった。その後，大規模小売業（小売商業）の成長・上位集中化と中小小売業（中小小売商業）の衰退という小売構造が変化してきている。それに伴って，大規模小売業は大量仕入・大量販売の力（**バイイングパワー**）と**POSシステム**に基づく情報・物流を背景として，流通における主導権をメーカー側から小売側に移行させていった。これが流通におけるパワーシフトである（渡辺 2016, p.81）。

　こうした背景には，流通系列化の問題に代わって，取引慣行の問題がクローズアップされ，特に日米構造協議など諸外国から問題視されたのは，日本市場の閉鎖性や不透明性の要因の1つに取引慣行の特殊性があるにもかかわらず，それを放置ないし容認するようなかたちで独占禁止法が運用されていることから，既存市場参加者には有利に，新規参入者には不利になっているとの批判があったからである。

　このような批判を受けて，公正取引委員会は，1990年に「流通・取引慣行ガイドライン」（正式には「流通・取引慣行に関する独占禁止法上の指針」）(1991) を策定・公表した。その目的は，消費者利益および市場の対外的な開放性・透明性の確保という観点から，独占禁止法の運用を明確化ないし強化することによって，流通・取引慣行の閉鎖性・排他性を除去し，市場メカニズムの機能を十全なものとすることにおかれている。その要点としては，再販売価格維持行為，非価格制限行為，リベートの供与，流通業者の経営に対する関与，小売業者による優越的地位の濫用行為の5つの行為類型があげられている（渡辺 2016, pp.82-84）。

このうち，流通におけるパワーシフトの事例として「小売業者による優越的地位の濫用行為」について，取引上優越した地位にある小売業者が，その地位を利用して，納入業者に対し次のような行為を行い，正常な商習慣に照らして不当に不利益を納入業者に与えることとなった場合には，違法となることがある。その行為として，下記の5つの行為類型があげられる（渡辺2016，p.84<図表3-10> および pp.102-104）（詳細は，矢部・山田・上杉（1996）「付属資料」pp.448-454を参照）。

①押しつけ販売

これは，納入業者に対して，取引関係を利用して自社で販売する商品やサービスの購入を要請する行為である。

②返品

これは，買い取り方式で仕入れた商品を欠陥やキズ・汚れなどが無いにもかかわらず，売れ残りなどを理由に納入業者に対して引き取らせる行為である。

③従業員等の派遣の要請

これは，納入業者に従業員等を派遣させ，店頭での販売活動や店卸し，倉庫などバックヤードでの作業に従事させる行為である。

④協賛金等の負担の要請

これは，催事や広告などを行う際に，その費用の一部ないし全部の負担を納入業者に要請する行為である。

⑤多頻度小口配送等の要請

これは，自社の都合によって，多頻度小口配送等の物流条件や情報システムの導入を要請する行為である。

この問題の先駆けとなったのが，第二次世界大戦後いち早く復興を遂げた百貨店による納入業者に対する優先的地位を利用した行為である。公正取引委員会は1954年に百貨店業特殊指定を告知し，納入業者に対する，不当な返品，事後値引き，委託販売，買いたたき，特別商品の納入拒否，派遣店員，支払い遅延等について，公正な競争を阻害する不当な要求を禁止する基準を示した（渡辺2016, p.101）。

そして，百貨店をはじめ多様な新興大規模小売業態が成長・発展するに伴っ

て，バイイングパワー行使に関わる問題が増加してきた。そこで，公正取引委員会は百貨店業特殊指定を抜本的に見直し，2005 年に「大規模小売業者による納入業者との取引における特定の不公正な取引方法」（大規模小売業特殊指定）を告示した（渡辺 2016, p.104）。

　その背景としては，大規模小売業者と納入業者の取引においては，大規模小売業者がいわゆるバイイングパワーを利用して，不当な協賛金の負担要請や不当な返品など事前の契約とは関係のない，あるいは，あらかじめ合意された取引条件を事後的に変更するような取引を行わせる場合がしばしばみられる。大規模小売業者のこのような行為により，納入業者は，取引における自由かつ自主的な判断をゆがめられるとともに，あらかじめ計算できない不利益を受け，他の納入業者との関係で競争上不利となり，一方，不当な行為による利益を享受する大規模小売業者は，他の小売業者との関係で競争上有利となるなど，納入業者間及び小売業者間の公正な競争が阻害される。

　また，大規模小売業者によるこのような行為は，自らの合理的な取引条件の設定を妨げ，コスト意識に基づく合理的な経営行動に逆行するものである。さらに，この結果，市場メカニズムに基づく公正な取引が阻害されることにより市場の効率性が損なわれ，効率化のメリットが消費者に還元されなくなる場合も考えられる（https://www.jftc.go.jp/dk/guideline/unyoukijun/daikibokouri.html, 2020 年 8 月 9 日閲覧）。

　この大規模小売業特殊指定に関わる外形的基準として，適用対象となる大規模小売業者および納入業者の範囲を規定したうえで，公正取引委員会「大規模小売業者による納入業者との取引における特定の不公正な取引方法」の運用基準（2007 年）による大規模小売業者と納入業者との取引において禁止される以下の 10 行為類型を定めた（渡辺 2016, pp.105-106）（https://www.jftc.go.jp/dk/guideline/unyoukijun/daikibokouri.html, 2020 年 8 月 9 日閲覧）

　①　不当な返品

　これは，大規模小売業者が，「納入業者から購入した商品の全部または一部を当該納入業者に返品すること」を原則として禁止するものである。

② 不当な値引き

これは，大規模小売業者が，納入業者の責めに帰すべき事由がある場合を除いて，当該「納入業者から商品を購入した後において，当該商品の納入価格の値引きを当該納入業者にさせること」を禁止するものである。

③ 不当な委託販売取引

これは，大規模小売業者が納入業者に対して，「正常な商慣習に照らして納入業者に著しく不利益となるような条件」で委託販売取引をさせることを禁止するものである。

④ 特売商品等の買いたたき

これは，大規模小売業者がセール等を行うために購入する商品について，「自己等への通常の納入価格に比べて著しく低い価格を定め」て納入させることを禁止するものである。

⑤ 特別注文品の受領拒否

これは，大規模小売業者がプライベート・ブランド商品など特別な規格等を指定した上で，納入業者に商品を納入させることを契約した後において商品の受領を拒むことを，納入業者の責めに帰すべき事由がある場合，又はあらかじめ当該納入業者の同意を得て，かつ，商品の受領を拒むことによって納入業者に通常生ずべき損失を大規模小売業者が負担する場合を除いて，禁止するものである。

⑥ 押し付け販売等

これは，大規模小売業者が取引関係を利用して，「正当な理由がある場合」を除き，納入業者が購入等を希望しないにもかかわらず，「自己の指定する商品を購入させ，又は役務を利用させること」を禁止するものである。

⑦ 納入業者の従業員等の不当使用等

これは，大規模小売業者が，自己の業務のために納入業者に従業員等を派遣させて使用すること，又は自らが雇用する従業員等の人件費を納入業者に負担させることを原則として禁止するものである。

⑧ 不当な経済上の利益の収受等

これは，大規模小売業者が，納入業者に対し，決算対策協賛金など「本来当

該納入業者が提供する必要のない金銭」等を提供させること及び納入業者の商品の販売促進に一定程度つながるような協賛金や納入業者のコスト削減に寄与するような物流センターの使用料等であっても，「納入業者が得る利益等を勘案して合理的であると認められる範囲を超えて」これらを提供させることを禁止するものである

　⑨　要求拒否の場合の不利益な取扱い

　これは，①から⑧についての要求を拒否した納入業者に対し，代金の支払遅延，取引停止等の不利益な取扱いをすることを禁止するものである。

　⑩　公正取引委員会への報告に対する不利益な取扱い

　これは，納入業者が公正取引委員会に対し，①から⑨の「事実を知らせ，又は知らせようとしたことを理由として」，当該納入業者に対し，代金の支払遅延，取引停止等の不利益な取扱いをすることを禁止するものである。

　ともあれ，バイングパワーは，大規模小売業による大量仕入・大量販売に基づいて，納入業者（メーカーや卸売業者等）への自由な取引へ圧力や制限を加えるものとして，垂直的な取引関係による不公正な取引方法の禁止行為にあたるものとして捉えられる。

注
1）独占禁止法の経緯
　　第二次世界大戦後の占領軍による経済民主化政策の一環として，財閥解体・経済力集中排除・私的統制団体の除去が行われた。この経済民主化政策によって実現された，新しい戦後の秩序を恒久化させることを目的に，1947年に独占禁止法が制定された。独占禁止法は，1949年には若干の緩和，1953年には内容が大幅に緩和された。その後，第1次石油危機による「物価狂乱」（1973年）を受けて，1977年の改正は課徴金の新設など規制内容を厳しくした。しかし，日米構造協議（1989年-1991年）の影響を受けて1991年の改正，また日米包括経済協議（1993年）の影響を受けて，2005年の改正などにいたり，規制緩和の推進とともに，競争政策が積極的に展開されてきている。
2）流通系列化のデメリット
　1.　業者の観点からの流通系列化のデメリット
　①流通業者間の競争制限によって価格が硬直化し，高水準の維持や価格の引き上げが容易となる。
　②新規参入業者の販路確保や下位の業者の販路拡張などにおける制約となり，新規参

入の障壁となる。

③製品差別化が強化され，販売促進費が過大となる。

④メーカーと流通業者との間に，支配・従属関係を発生・強化し，メーカーによる優越的地位の濫用行為を誘発する。

⑤流通業者の自立性が失われ，流通業者の経営合理化を阻害する。

⑥流通業者の自己革新による新たな販売方式や流通チャネルの構築が妨げられる。

2.「消費者利益」の観点からの流通系列化のデメリット

①特定のブランドの価格が硬直化し，高水準の価格が維持される。

②超過利潤が系列内部に留保され，消費者に還元されない。

③新規参入の阻害により，提供される商品の種類が少なくなり，選択の幅が狭まる。

④適正な情報の収集や商品選択の機会が損なわれる。

（宮内 2013, p.59）

参考文献

1) 石居 正雄（1997）「独占禁止法と垂直的流通」田中 由多加編『現代商業政策論―潮流と展望―』創成社

2) 岩永 忠康（2005）『マーケティング戦略論（増補改訂版）』五絃舎

3) 岡田 裕之（1983）「現代流通と国家」阿部 真也・鈴木 武編『現代資本主義の流通理論』大月書店

4) 白石 善章(1986)「商業構造」合力 栄・白石 善章編『現代商業論―流通変革の理論と政策―』新評論

5) 鈴木 武（1992）「日本型流通政策の問題点と政策転換の方向」E．バッツァー・H．ラウマー・鈴木 武編『現代流通の構造・競争・政策―日本とドイツの比較―』東洋経済新報社

6) 鈴木 武（1998）「日本型市場経済システムの蹉跌」鈴木 武・岩永 忠康編『現代流通政策論』創成社

7) 田島 義博（1982）「競争維持政策」久保村 隆祐・田島 義博・森 宏『流通政策』中央経済社

8) 田村 正紀(1984)『マーケティング力―大量集中から機動集中へ―』千倉書房

9) 中村 達也（1983）『市場経済の理論』日本評論社

10) 根岸 哲（1983）「独占禁止法の基礎理論」根岸 哲・舟田 正之・野木村 忠邦・来生 新『独占禁止法入門』有斐閣

11) 野田 實編（1980）『流通系列化と独占禁止法―独占禁止法研究会報告―』大蔵省印刷局

12) 宮内 拓智（2013）「流通競争政策」岩永 忠康・佐々木 保幸編『現代の流通政策』五絃舎

13) 矢部 丈太郎・山田 昭雄（1996）「マーケティングと競争政策」矢部 丈太郎・山田 昭雄・上杉 秋則編『流通問題と独占禁止法 1996 年度版』国際商業出版

14) 渡辺 達朗（2016）『流通政策入門―市場・政府・社会―（第 4 版）』中央経済社

15) https://www.jftc.go.jp/dk/guideline/unyoukijun/daikibokouri.html, 2020 年 8 月 9 日閲覧

第 5 章

流通調整政策

本章の構成
第 1 節　大型店規制政策の転換
第 2 節　流通調整政策
第 3 節　わが国流通調整政策の変遷
第 4 節　流通調整政策と消費者利益
第 5 節　大規模小売店舗出店の現状と流通調整政策の必要性

┌─**本章のポイント**─┐

　流通調整政策は，流通振興政策とともに流通競争政策を補完するものとして位置づけられる。それは，競争条件の調整という観点から，大資本ないし大企業からの競争圧力を緩和することによって中小商業者の事業機会を確保することを目的としたものである。本章では，大型店規制政策に代表される流通（小売商業）調整政策について，流通政策の体系において捉え，その後，第一次百貨店法にはじまるわが国大型店規制政策の変遷について概観しながら，流通調整政策の展開を具体的に学習し，その必要性について確認する。

　○第 1 節では，大型店規制政策の転換について学ぶ。

　○第 2 節では，流通調整政策とは何かということについて学ぶ。

　○第 3 節では，第一次百貨店法にはじまる，わが国における流通調整政策の変遷について学ぶ。

　○第 4 節では，流通調整政策と消費者利益の関係について学ぶ。

　○第 5 節では，大規模小売店舗出店の現状と流通調整政策の必要性について学ぶ。

第1節　大型店規制政策の転換

　わが国で**流通調整政策**が「放棄」されるに至ってから，すでに 20 年が経過している。

　およそ四半世紀にわたって，大型店規制政策の中心法となってきた**大規模小売店舗法**（正式名称，**大規模小売店舗における小売業の事業活動の調整に関する法律**。以下では，**大店法**と呼ぶ）が 2000（平成 12）年 5 月 31 日に廃止され，新たに**大規模小売店舗立地法**（以下では，**大店立地法**と呼ぶ）が施行されたのは翌 6 月 1 日である [1]。

　この間，わが国流通を取り巻く環境はめまぐるしく変化したといってよいが，小売事業所数の減少傾向は継続し，今やその数は 99 万 246 事業所（2016（平成 28）年）となり，とうとう 100 万を割り込んでしまった（「総務省統計局ホームページ」(http://www.stat.go.jp/data/e-census/2016/kekka/pdf/shogyo.pdf) [2]。流通調整政策ひいては大型店規制政策の「放棄」直前の 1999（平成 11）年の 140 万 6,884 事業所からは 3 割減，ピーク時（1982（昭和 57）年）の 172 万 1,465 事業所までさかのぼれば，実に 4 割減と大きく落ち込んでいる。今日，成長著しい EC (Electronic Commerce：電子商取引）の影響はあったにせよ，世紀の変わり目に「調整政策の主」を失った影響はあまりに大きかったといわざるをえない。

　これより前，高度経済成長期以降，わが国の流通政策のあり方について審議してきた**産業構造審議会**（以下では，**産構審**と呼ぶ）**流通部会**と**中小企業政策審議会**（以下では，**中政審**と呼ぶ）**流通小委員会**の合同会議の「中間答申」が発表されたのは，今から 20 年以上も前の 1997（平成 9）年 12 月 24 日であった [3]。

　1980 年代以降に，海外とりわけ米国とのあいだで経済摩擦が激化し，1989（平成元）年から翌 1990（平成 2）年にかけて行なわれた**日米構造問題協議（Structural Impediments Initiative. 以下では，SII と呼ぶ）**では大店法の規制緩和が要求された。さらに，国内においては，内外価格差の拡大を背景に国民が「豊かさ」を実感できないでいるということが，規制緩和論者やマスメディアから主張された。この

ような声を利用するかたちで，米国から「豊かさ」の実現を阻害している一因として大店法が槍玉にあげられ，国内からも規制緩和を求める声が高まった（真部1996, p.128）。内外からの「声」に強く押されるかたちで，大店法は 1990 年以降数次にわたって規制緩和がなされ，ついには，前述の産構審流通部会と中政審流通小委員会の合同会議の「中間答申」のなかでこれにかわる法律が提唱された。これによって，大店法は廃止に至ったのである。かわって登場したのが大店立地法である。環境等に一定配慮しなければならないものの同法には大店法のような調整項目が存在せず，このことは，戦前の百貨店法（戦後制定された同名の百貨店法と区別するために，戦前のそれは**第一次百貨店法**と呼ばれる。以下では，第一次百貨店法と呼ぶ）にはじまるわが国の大型店規制政策ないし小売立地面での調整政策の事実上の終焉を意味するといっても過言ではない[4]。

　もちろん，小売環境面における諸変化がそれに大きく影響したことは否めないが，この動きは急速な規制緩和の流れのなかで生じたものである。

　本章では，まず，大型店規制政策に代表される流通（小売商業）調整政策について，流通政策の体系において捉え，次に，第一次百貨店法にはじまるわが国大型店規制政策の変遷について概観しながら，流通調整政策の展開を具体的にみた後，その必要性について言及することにしよう。

第 2 節　流通調整政策

1.　流通政策の目的と本質

　流通政策の概念等については，本章と関わりのある範囲で述べることにしよう。

　流通政策は経済政策の一部門として一般的に理解され，生産から消費に至る流通の機能や活動を対象に実施される公共政策であり，その目的は流通の「望ましい状態」を達成することにあるとされる。流通の「望ましい状態」とは，生産と消費をつなぐという流通システムの社会的・経済的機能が，効率的かつ有効に発揮されているかどうかにあるのであり，流通政策の主要な価値基準は，流通の有効性および効率性である。その価値基準に基づく政策目標ないし目的

としては，流通生産性の向上，競争公正性の確保，取引便宜性の向上，配分平等性の確保があげられる（渡辺 1999，pp.76-77）[5]。

ただし，流通政策ないし小売商業政策の本質は，その歴史的必然性からみれば，「直接的に資本の利益のために道を清める側面」および資本主義「体制維持のための側面」であり（佐々木 2006，p.6），これが実際の政策に反映されているといってよく，以下でみるわが国の調整政策においても，その本質を垣間見ることができるのである。

2. 流通調整政策

流通政策を体系的に整理する方法にはさまざまなものがあるが，ここでは，以下の議論との関連において，方法と目標ないし目的に基づく流通政策の体系についてのみ紹介するにとどめたい。

流通政策は以下のように分類することができる。

①競争秩序の維持に関する政策，いわゆる競争政策，②流通活動の振興に関する政策，いわゆる振興政策，③流通活動の調整に関する政策，いわゆる調整政策，④流通基盤の整備に関する政策，⑤需給調整のための参入規制・営業規制，⑥公共の福祉の観点からの規制・制限，である（渡辺 1999，pp.79-81）。

このうち，③と⑤を調整型の政策と呼ぶことができるが（渡辺 1999，p.81），以下では，③の調整政策なかでも大型店規制政策に限定して議論を展開する。

そして，競争政策および振興政策については，調整政策との関係について，必要なかぎりにおいて述べることにしたい。なお，競争政策および振興政策についてはそれぞれ第 4 章および第 6 章において検討がなされているので，詳細はそちらをみられたい。

調整政策は，競争条件の調整という観点から，大資本ないし大企業からの競争圧力を緩和することによって中小商業者の事業機会を確保することを目的としたものである。これは，ただ単に中小商業者の保護を目的とするのではなく，振興政策と組み合わせて実施することにより，中小商業者を健全な競争主体として育成するという目的を有しているのであり，その意味で競争政策を補完す

るものとして位置づけられる（渡辺 1999, p.165）。

　もちろん，「調整政策は競争の展開に対して抑制的に作用する。それにもかかわらず，それは競争政策そのものを否定したり，競争政策に取って替わろうとするのではない。調整政策が保護政策と区別される最も重要な点が，ここにある。むしろ，競争の影響と速度を『適正化』することによって，競争そのものを円滑に進めることこそが，調整政策の目的」（石原 1991, p.80）なのである。

　小売業における調整政策は，大規模小売店舗の出店に伴って発現する大型店問題を解決すべく，大規模な事業者の事業活動に一定の制限を設けることで中小零細な事業者の事業機会を確保しようとする政策であり，現実にわが国において展開されてきた（番場 2007, p.307）。その変遷については，次節にゆずりたい。

　ここでは，第一次百貨店法に始まるわが国流通調整政策の変遷に焦点をあててみていくことにしたい。

第 3 節　わが国流通調整政策の変遷

　流通政策の分野における調整政策は，主として小売業ないし小売商業が対象となっており，その意味で流通調整政策＝小売商業調整政策とみることには異論がないように思われる。以下では，小売とりわけ大型店規制政策に限定して，わが国におけるその変遷を概観することにしたい。

1.　第一次百貨店法

　戦前唯一の大規模小売商であったといえる百貨店を規制するものとして，1937（昭和 12）年に第一次百貨店法が制定されるに至った。これがわが国最初の調整政策であったとみてよい。

　「戦前の小売商業政策における優先的政策課題は，社会・政治問題化する中小小売商の困窮を救済することにあり，現実に講じられた諸政策は，中小小売商保護政策に傾斜した社会政策的色彩の濃いものであったといえ」（佐々木

2006, p.12), 第一次百貨店法もそのような性格のものであったということができる。

　ここでは，まず百貨店について簡単に述べ，百貨店法制定へと導くに至った百貨店問題についてみてみることにする。

　百貨店の歴史は 1852 年，アリスティッド・ブシコーによってパリに設立されたボン・マルシェに始まるといわれている[6]。

　わが国では，それからおよそ半世紀後の 1904（明治37）年，三越呉服店の株式会社化とその際になされたデパートメント・ストア宣言が百貨店創立の事例としてよく引き合いに出される。その後，1910（明治43）年いとう呉服店（松坂屋），1919（大正8）年高島屋呉服店，松屋鶴屋呉服店，白木屋呉服店，十合呉服店，1920（大正9）年大丸呉服店といった，呉服店にルーツをもつ現在の都市百貨店のみならず丸井今井や山形屋，天満屋などの地方百貨店，これより少し遅れて阪急百貨店等の電鉄系百貨店が登場した（加藤 2000，p.11）。

　百貨店は当初，そのルーツから高級呉服店等の買回品販売を中心としていたので，当時圧倒的多数を占めた中小小売商に対する影響は比較的少なかったといってよい。ところが，1920 年ごろからの不況期において，百貨店の新規参入と既存百貨店の店舗の新増設に伴う多店舗化・大型化などがすすみ，売り場面積が拡大したのみならず，取扱商品の低価格品目への拡張による大衆化路線への転換，さまざまなサービスの強化があらわれはじめた。1923（大正12）年の関東大震災直後に百貨店に対して社会的に日用品の廉売が要請されることになったが，その成功が，百貨店を大衆化路線に向かわせた。この百貨店の大衆化志向は相互間の競争を激化させ，1929（昭和4）年のいわゆる世界恐慌以降の経済低迷のなかで，競争はさらに厳しいものとなっていった。それだけではない。百貨店の拡大および大衆化路線への転換はおのずと中小小売商との間に摩擦を生じせしめることとなり，それは次第に大きくなっていった。このころ，この両者間の摩擦・あつれきが社会問題となっていったのである（加藤 2006a，pp.34-35）。

　中小小売商はこのような状況のなかで個別ないし集団的に種々なる対応をせ

まられることになった。しかしながら，それではらちがあかず，中小小売商の経営圧迫の要因を百貨店に求め，中小小売商問題は主として対百貨店問題として認識され，しだいに百貨店法制定へと展開していく。

　百貨店法制定の国家的意図は百貨店と中小小売商との対立を緩和し，利害調整をはかりながら，戦争遂行のための国内的統制を一段と強化しようとした点にあるといってよいが，これがまさにわが国最初の調整政策であった。

　1937（昭和12）年8月に可決成立し，10月1日施行された第一次百貨店法は27条から構成され，以下のような特徴をもっている（加藤2006a, pp.39-41）。

　まず第1に，百貨店を同一店舗において衣食住に関する多種類の商品販売を行う大規模小売業で，6大都市では3,000㎡以上，その他の地域では1,500㎡以上の売り場面積を有するものであると定め，同面積以上の売り場面積を有する店舗がすべて規制対象となる，いわゆる**企業・建物主義**をとっていることである。

　第2に，百貨店の開業・営業や支店・出張所等の設置あるいは売り場面積の拡張による営業の拡大および出張販売について，いわゆる許可制が採用されたこと，ならびに閉店時刻や休業日数について規制されたことである。

　第3に，閉店時刻および休業日数を除く営業方法については，第一次百貨店法に基づいて組織された日本百貨店組合の営業統制規程によって自主的に規制されたことである。

2.　第二次百貨店法

　戦後の1947（昭和22）年に，第一次百貨店法は廃止される。かわって同年に制定された**独占禁止法**（正式名称，**私的独占の禁止及び公正取引の確保に関する法律**。以下では，**独禁法**と呼ぶ）によって，百貨店のような大規模小売商は一元的に規制されるようになった（加藤 2006b, p.48）。

　そのような意味で一時的に調整政策つまり大型店規制政策の空白期であるといってよいが，これは戦後回復期の例外的な時期であるといってよい。

　第二次世界大戦において壊滅的な打撃を受けた日本経済は，1950（昭和25）

年におこった朝鮮戦争を契機に回復し，そのようななかで百貨店も回復軌道に乗り，戦前と同様に相互間の競争が激化しただけでなく，中小小売商とのあいだにも摩擦が生じることとなった。

不当返品や手伝い店員の強要等不公正な百貨店の取引行為に対しては，独禁法がある程度効果をあげたものの，百貨店が規模の経済性を基礎に中小商業とりわけ中小小売商に加える圧迫に対しては十分な規制効果は生まれず，それが全国的な反百貨店運動をまねき，新たな百貨店法，すなわち**第二次百貨店法**の制定へとつながっていった（加藤 2006b，pp.50-51）。

第二次百貨店法は，1956（昭和31）年5月に公布，同年6月に施行された。百貨店の営業を独禁法による一般的な規制のうえに独自に追加規制するこの法律は，5章24条から構成されるが，第1条の目的から，主として中小小売商を保護しようとする内容のものである（加藤 2006b，pp.52-53）[7]。

同法の特徴について，まず第1に百貨店は第2条において加工修理を含む物品販売業であり，このための店舗内に同一の店舗で売り場面積合計が東京都特別区および政令指定都市では 3,000㎡以上，その他のところでは 1,500㎡以上のものであると定義し，**企業主義**をとっている点である。つまり，第二次百貨店法では百貨店のみが規制対象とされる。その意味では，第一次百貨店法に比し，規制範囲はせばめられたことになる。これが，後の**疑似百貨店問題**を生むことにつながった。

第2に，第一次百貨店法と同様に百貨店の開業や店舗の新・増設のさいには，政府の許可が必要とされる許可制が採用された点である。これによって百貨店はある程度規制をうけることになり，中小小売商がある程度保護されることになったといえる。

しかしながら，百貨店のみを規制対象とする第二次百貨店法が施行されたこの時期，「もう1つ」の大規模小売業態であるスーパーがまさに発展の途上にあったのである。

3.　大店法

(1)　大店法の制定・施行

　流通近代化やシステム化，消費者利益の確保という視点が強調されるように
なり，規制対象を百貨店のみならずスーパー等の大型店に拡張しながらも規制
緩和法として位置づけられる大店法が 1973（昭和 48）年に成立し，翌年施行
された（真部 1996, pp.127-128）。

　大店法の成立過程等については第 1 章で説明されているが，その成立につ
いては，疑似百貨店問題の存在を抜きには語れない。これについては，スー
パーとの関連が非常に強い。スーパーは，食料品チェーン店に対抗するために
1930 年頃にアメリカで生まれた（加藤 2000b, p.42）[8]。低価格，高回転，セ
ルフサービスなどを経営原則とする新しい小売形態であり，その後チェーン方
式を導入することで急速に発展した。わが国には，1950 年代前半に導入され
(1953（昭和 28）年東京青山の紀ノ国屋が最初とされる)，1950 年代後半以降発展
する。その後，大型化方式を取り入れながら，多店舗方式を軸に急速に発展し
た（加藤 2000b, pp.42-43）。

　1960 年代末以降 1975 年にかけて，**小売資本の完全自由化**が段階的におし
すすめられたが（関根 2004, p.311, p.314），スーパーの急速な店舗展開はそ
れを見越しての動きでもあった。

　1972（昭和 47）年にはスーパー全体の売上高が百貨店全体の売上高を凌駕し
ただけでなく，個別企業のレベルでも当時業界 1 位のダイエーが三越の売上高
を上回った。文字どおり，高度経済成長期はスーパーの高度成長期でもあった。

　スーパーはその経営原則ゆえに，巨大な市場規模をもつ大量需要の生活必需
品を主要な標的に定めた。つまり，スーパーは百貨店ではなく，取り扱い競合
度の高い一般の中小小売商を主要な競争相手とし，その営業をしだいに圧迫し
ていった（加藤 2000b, pp.43-45）。

　ところが，当初流通近代化路線をおしすすめようとしていた政府は，流通革
命の主たる担い手たるスーパーを法的な規制のらち外においていたのである。

　しかし，スーパーが大型化・多店舗化方式をおしすすめるなかで，大型店舗

を出店し営業する際に第二次百貨店法による規制を免れるため、各階ごとに系列の別会社で店舗を運営する、いわゆる疑似百貨店問題が生じた。これが大きな契機となり、百貨店法の改正論議、廃止、大店法の制定へと至るのである（加藤 2006c, pp.60-61）。

(2) 大店法の特徴

大店法は、高度経済成長期の終焉とほぼ同時期の 1973（昭和 48）年 10 月に公布、翌 1974（昭和 49）年 3 月に施行され、同時に第二次百貨店法は廃止された。4 章 21 条で構成されている大店法は、次のような特徴をもっている（加藤 2006c, pp.64-65）。

まず第 1 に、はじめて条文内で明文化された消費者利益への配慮を大義名分に、従前の百貨店法における許可制が事前審査付届出制に改められ、「事前審査付」という条件付きとはいえ規制内容が大きく緩和されたことである。この事前審査は、百貨店やスーパー等からの店舗の新・増設の届出、いわゆる**出店調整 4 項目**（店舗面積、開店日、閉店時刻、休業日数）に対して通産省が事前に審議会等に諮り、勧告・措置命令を行う方式であり、運用いかんでは百貨店法のもとでのような許可制に近いものになりうる。

第 2 に、大店法では、同一建物内の店舗面積が基準面積以上（東京都特別区および政令指定都市では 3,000 ㎡以上、その他の地域では 1,500 ㎡以上）の大規模小売店舗がすべて規制対象となったことである。つまり、**建物主義**という規制方式が採用されたのである。これは、第二次百貨店法の企業主義に比し、基準面積以上の大規模小売店舗がすべて規制対象になるという意味では、規制範囲が拡大したことを示している。

第一次百貨店法および第二次百貨店法では、大規模小売商の利益にある程度配慮しつつも、主として中小小売商を保護するという見地から、両者間の対立が調整されたので、大規模小売商の活動がより強く規制されるという側面があらわれていたが、大店法では、そうではなく、流通近代化・合理化の推進を優先するという見地からそれに寄与する大規模小売商の展開が促進され、その利益の擁護が前面に押し出された。同時に、中小小売商に対する基本政策は、保

護政策から選別・淘汰政策へと転換したのである（加藤 2006c, p.66）。

　ところで，大店法の目的については，同法の第 1 条で明記されている。そこでは，「消費者の利益の保護に配慮しつつ，大規模小売店舗における小売業の事業活動を調整することにより，その周辺の中小小売業の事業活動の機会を適正に確保し，小売業の正常な発達を図り，もって国民経済の健全な発展に資すること」が目的とされている。同法の目的に関しては，多くの論者によって「消費者の利益の保護」が目的の一つと解された。

　しかしながら，大店法の目的は，「周辺の中小小売業の事業活動の機会を適正に確保すること」と「小売業の正常な発達」であり，「消費者の利益の保護」は配慮事項にすぎない。大店法をめぐって，その運用基準を緩和し，小売業の競争を促進しようとする見解が多々みられたが，しばしば市場メカニズムと事業の健全性の維持とはトレード・オフの関係にあるため，そうすることは法本来の目的の達成を阻害することになる。大店法の運用の実態について多くの論者から批判がなされたが，たしかに法の運用面で問題があったことは否めない。ただ，このような法目的の解釈が，後の大店法規制緩和論議を必要以上に大きくしたといっても過言ではなく，法目的の解釈の重要性について指摘しておきたい（真部 1996, p.131）。

（3）大店法の改正と流通規制の強化

　大店法の施行後まもなくは，とりわけ大手スーパーを軸とする出店が衰えなかった。なかでも，規制基準面積を若干下回る規模での出店は衰えず，低経済成長のため市場規模が拡大しない状況では，大規模小売商と中小小売商との対立・摩擦が激しくなっていった。規制基準面積未満の店舗の出店調整については，1959（昭和 34）年に制定された**小売商業調整特別措置法**によってなされるはずであったが，独自に規制する地方自治体があらわれ，それが増えていった（加藤 2006d, p.70）。

　このような状況のなかで，大店法は改正されるに至る。改正大店法は 1978（昭和 53）年 10 月に成立し，翌 1979（昭和 54）年 5 月から施行されたが，改正点の特徴は次の 3 点にまとめることができる（加藤 2006d, pp.72-73）。

　第1に，大規模小売店舗が**第1種大規模小売店舗**と**第2種大規模小売店舗**に分けられた。前者は改正前の大店法における規制対象であり，後者は多くの地方自治体によって独自に規制されていた 500㎡超 1,500㎡（東京都特別区および政令指定都市では 3,000 ㎡）未満の中型店舗を新たに規制対象に含めたことである。つまり，規制対象が大きく拡げられたのである。

　第2に，第2種大規模小売店舗の規制・調整権限が新たに知事に与えられた等，地方自治体の規制権限が強化された。

　第3に，調整期間が若干延長されたことである。

　これらには，規制強化の内容が含まれているとともに，地方自治体への権限委譲が含まれている。こうして，大規模小売商と中小小売商の摩擦・あつれきを緩和しようとしたが，実際には大型店の出店攻勢が続き，両者の摩擦・あつれきはさらに拡大していったのである。

　そこで，当時の所轄官庁であった通産省は，大店法のさらなる規制強化ではなく，行政指導という形で対応する。すなわち，個別の出店規制である。これは大規模小売商にたいする出店規制方式としての企業主義にたった許可制の採用であるとともに，総量規制という新しい規制方式の導入であった（加藤 2006d，pp.74-75）。

　このようなやり方は，「決して流通近代化政策の推進という高度経済成長期につくられた基本的枠組みの放棄を意味するものではなく，石油危機後の過剰出店という特殊な状況下で生じた出店許可制の導入要請に対して従来の基本的枠組み内で対応し，その要請をそらすために一時的になされたものである」（加藤 2006d，p.75）り，バブル経済期以降には逆の流れがつくられることになる。

(4) 大店法の規制緩和と SII，大店法の再改正

　先にも述べたように，大店法は貿易摩擦等とのからみにおいて，国内外から批判が浴びせられた。

　とりわけ 1987（昭和62）年，**大規模小売店舗審議会（大店審）会長談話**「今後の大店法の運用について」の発表によって，規制緩和の流れが本格化した。その後，経済的規制は「原則自由・例外規制」の原則に基づく規制緩和政策の

もとで，1989（平成元）年から翌1990（平成2）年にかけて行われた計5回におよぶ SII において 3 段階の規制緩和策が約束され，およそ 4 年間をかけて実際に以下のように実施された（「財団法人流通経済研究所40年史」編集委員会編2007，p.26）。

- 1990（平成2）年5月　大店法運用適正化措置：出店調整手続きの適正化により出店調整期間を 1 年半以内に短縮，その他を実施。
- 1991（平成3）年5月　大店法改正（1992年1月施行）：商業活動調整協議会（商調協）の廃止等からなる新スキームにより出店調整期間を 1 年以内に短縮，その他を実施。
- 1994（平成6）年5月　大店法運用再見直し：500㎡超 1000㎡未満の店舗について「おそれなし届出」として原則自由化，その他を実施。

　これによって，大規模小売店舗の出店はかなり自由に行われるようになり，大店法の目的の1つである「周辺の中小小売業の事業活動の機会を適正に確保すること」はもはや有名無実化したといってよい。図5-1は第2段階措置後の大型店の出店調整の流れ，図5-2は第 3 段階の措置の前後の時期における大規模小売店舗の届け出件数を示しているが，ここからだけでも，大規模小売店舗の出店が容易になったことをみてとれるのである。

図 5-1　大型店の出店調整の流れ

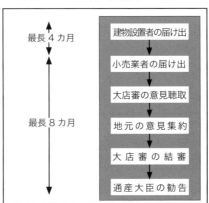

出所：『日本経済新聞』1997年9月25日付朝刊

図 5-2　大型小売店舗の届け出件数

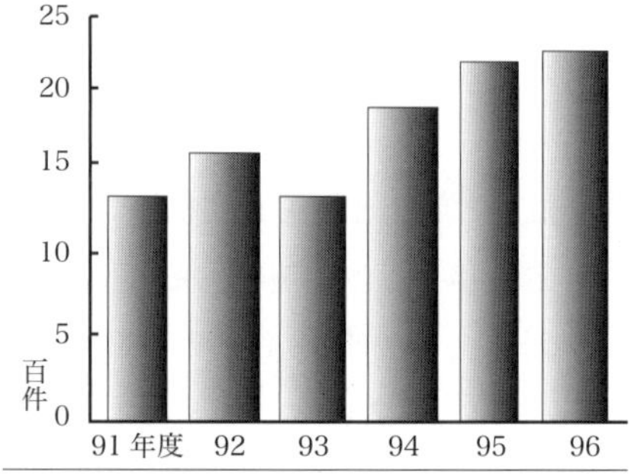

出所：図 5-1 に同じ

(5) 大店法の廃止と調整政策の「放棄」

　先にも述べたように，1997（平成 9）年 12 月 24 日，産構審流通部会と中政審流通小委員会の合同会議の「中間答申」が発表され，そのなかで大店法の廃止ひいては流通調整政策ないし大型店規制政策の「放棄」が謳われた。かわって，大店立地法の制定の必要性が説かれたのである。

　ここでは，わが国の小売業を巡る環境は大きく変化しているとし，大型店に関する政策転換の必要性が強調された。少し長いが引用しよう。

　「現行大店法は，その目的，手段の構成上，近年高まりつつある社会的要請に応えることを予定したシステムとなっていない。大型店については，生活利便施設として生活空間から一定の範囲内に存在する施設であるとともに，不特定多数の来客，車の利用度の高さ，物販に係る大規模な物流など他の施設とは物理的にも一線を画することが可能な施設であり，地域の人の流れや都市機能に対し劇的な影響を及ぼす潜在力を有する施設である。こうした大型店の実態に鑑みれば，大型店の出店に際しては，交通・環境問題への対応，計画的な地域づくりとの整合性の確保等の観点から，地域社会との融和を図ることが特に必要とされるものであり，大型店に係る今日的な意味での小売業の健全な発展という点からも重要である。

　近年，一部の地方自治体において，かかる大型店の地域社会への影響に着目

して，大店法手続に並行して，一定事項につき問題解決のためのルールをそれぞれ独自に定める動きが出てきており，現実の社会的問題について，的確な行政的対応を求められていることを示している。

　一方で，現行スキームにより大規模小売店舗における事業活動の調整を行うことについては，諸々の環境変化の下で，その有効性が低下し，また，革新的努力を通じて多様かつ質の高い購買機会を提供する上での制約効果にはなお無視できないものがある。こうした規制のコストと便益との比較の中で，現行大店法による規制を維持することは困難になっている。さらに，現行大店法では，高まりつつある種々の社会的要請への対応ができないとの問題点がある。

　したがって，大型店に関する政策としては，大型店の立地に伴う計画的な地域づくりや交通・環境に与える諸問題を解決するため新たな実効性ある政策的対応へ転換すべきである」[9]（中間報告一部割愛）として，大店法が歴史的使命を終えたことが謳われているのである。

　産構審流通部会・中政審流通小委員会の合同会議の審議と連動して，通産省は大店法廃止，大店立地法の制定等の方針を固め，中間答申に基づいて新法の法案づくりがすすめられ，大店法は 2000（平成 12）年 5 月 31 日に廃止，翌 6 月 1 日に大店立地法施行の運びとなった。

　これによって，流通調整政策ひいては大型店規制政策は，わが国において事実上「放棄」されるに至ったのである。

第 4 節　流通調整政策と消費者利益

1.　消費者・消費者利益とは何か

　ここでは視点を少し変えて，流通調整政策と消費者利益との関係についてみてみることにしよう。

　その前にまず，**消費者の概念**を明らかにしなければならない。

　消費者の概念はいわば自明の理のことのように扱われることが多く，それほど大きく取り上げられてこなかったように思われる。一般的には，消費者は消

費財やサービスを消費することによって，個人・世帯生活を維持するすべての人を指している[10]。このような見方はあながち間違いではない。

　しかしながら，そのようにみた場合，消費者問題の本質を見落とすことにつながりかねない。資本主義的商品生産のもとでの消費者問題の主たる被害者であり，それを告発し，その解決のために消費者運動の主体となる消費者について，まず確認しておかなければならない。資本主義的商品生産のもとでは，直接実際に生産の業務を担当しているのは労働者であるが，労働者はその生産物の所有者でも売り手でもない。彼は資本主義的商品生産の意味における生産者ではないのである。彼が売りうる唯一のものは彼の労働力であって，その労働力の再生産に必要な一切のものは，生産手段を所有し，商品をわがものとする資本家の手から買わなければならない。資本主義的商品生産のもとでは生産者と消費者は完全に分離されているのであり，ここで消費者ははじめて「純然たる消費者」として彼に固有の問題をもつことになる（森下 1974, p.189）。すなわち，消費者＝労働者階級である。しかしながら，農漁民などの小商品生産者や自営商工業者や自由業者などの中間階層の世帯も，必ずしも「純然たる消費者」とはいえないものの，労働者階級と同様に，資本家階級と支配・被支配，搾取・被搾取あるいは収奪・被収奪の関係にあり，彼らも労働者階級に準じて，消費者と呼ぶに値する存在であるといってよい。以上のように，ここでは消費者を労働者階級のみならず農漁民や自営商工業者などの中間階層をもふくむものとして規定しておく[11]。

　また，通常，消費者利益は価格に収れんされているといって差し支えないが，われわれは消費者利益を，①価格，②サービス，③住民生活，④商品の安全性をふくめた選択の自由，の4つの観点から広く捉えることとする（真部 1995, pp.97-99）。消費者利益に反し，社会的問題となるようなとき，それは消費者問題であるといっても差し支えないであろう。

2. 流通調整政策と消費者利益

　2007（平成19）年8月に発表された『新流通ビジョン』では，小売業の社

会的責任への対応のなかで，「大型小売業のまちづくりへの貢献」が主張され
ている（経済産業省編 2007, pp.121-122）。大店法の第 1 条の条文内にみられた「周
辺の中小小売業の事業活動の機会を適正に確保すること」はもはや追求されて
いない。

　第一次百貨店法の制定・施行以来，「小売商業調整政策の政策原理は『大規
模小売店舗における小売業の事業活動の調整』におかれていたが，2000 年施
行の大店立地法によって小売部面における『需給調整』方式は放棄されるよう
になった」（佐々木 2009b, p.259）のである。

　流通調整政策が実質的になくなってしまった影響は，近年の中小小売商の凋
落ぶりにあらわれているといっても過言ではないが，直近の数値については後
述する。

　通常，流通システムが効率化されると「消費者利益」に結びつくとして，そ
の効率化が優先されるような政策が展開されることになるが，このような状況
ではそう単純に結論づけるわけにはいかない。流通調整政策をはじめとした一
連の流通規制緩和の進展は，明らかに地方都市を中心とした中心市街地の空洞
化の深刻化に大きく影響してきたといってよい [12]。

　もちろん，流通システム効率化が一面「消費者利益」に結びつくことは否定
できないが，とりわけ大店法による規制政策においては，「消費者利益」が錦
の御旗のようにふりかざされ，流通システムの効率化により貢献するだろう大
規模小売店舗の出店がなされてきた（真部 1996, p.132）。ただし，このような
議論のなかでは，消費者とはいったい何をさすのかということさえほとんど追
究されてこなかったのである [13]。

　今日，大型店に対する出店規制がまったくなくなってしまったかというとそ
うでもない。1998（平成 10）年から 2000（平成 12）年にかけて，大店立地法，
中心市街地活性化法（正式名称，中心市街地における市街地の整備改善及び商業等の
活性化の一体的推進に関する法律。2006（平成 18）年改正により，中心市街地の活性
化に関する法律）および**改正都市計画法**のいわゆる**まちづくり三法**が制定・施
行された。

それまでの「競争公正性を促進させる政策によって大型店と中小小売商の競争力を調整することから，環境整合性を高め，都市機能性を向上させるという価値基準によって調整が行われる」（関根 2004, p.301）ようになったのである。

ただ，実態が必ずしもそうなっていなかったことは，2006（平 18）年のまちづくり三法の改正 [14] にあらわれているといっても過言ではない。

これによって，郊外開発一辺倒の発想が一段落したとはいえ，流通政策の本質からして，流通政策の展開がそう大きく変化するとは考えにくい。

しかしながら，今日，流通調整政策の復活が待たれる状況にあることは間違いないといってよい。

最後に，その必要性を確認しておくことにしよう。

第5節　大規模小売店舗出店の現状と流通調整政策の必要性

わが国において流通調整政策が事実上「放棄」されてから，2020（令和 2）年でちょうど 20 年の節目を迎えた。

本章のはじめにも述べたように，この間，小売事業所数は減少し続けてきた。2018（平成 30）年 3 月 28 日に発表された総務省・経済産業省「平成 28 年経済センサス - 活動調査 産業別集計（卸売業, 小売業に関する集計）」によれば，2016（平成 28）年 6 月 1 日現在の小売事業所数はついに 100 万店を割り込み，99 万 246 事業所となっている。これは，前回調査（2012（平成 24）年）に比し，4.2％の減少である（「総務省統計局ホームページ」(http://www.stat.go.jp/data/e-census/2016/kekka/pdf/shogyo.pdf)。この流れは，1980 年代前半から継続しているものであり，今後も大きく変わりそうにない。今なお，小売事業所数の大半を中小零細小売業が占めることを勘案すれば，わが国における流通調整政策「放棄」の影響が甚大であることはいうまでもない。

そこで最後に，大店法廃止・大店立地法施行後の大規模小売店舗出店状況を確認し，あらためて流通調整政策の必要性をとなえることにしたい。

図 5-3 は，大店立地法施行後の大規模小売店舗の新規出店届け出件数の推

図 5-3　大店立地法施行後の大規模小売店舗の新規出店届け出件数の推移

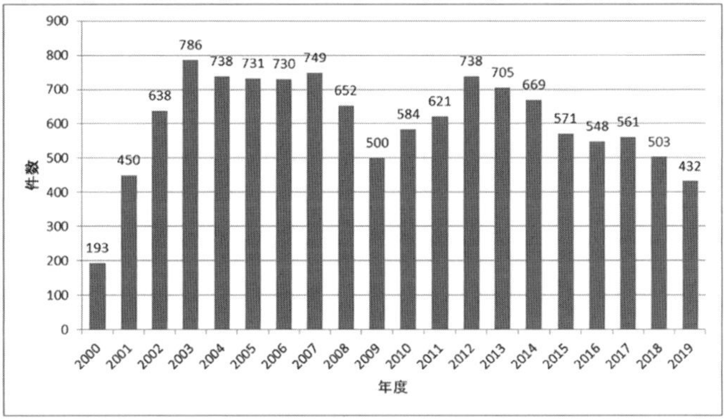

出所：「経済産業省ホームページ」(https://www.meti.go.jp/policy/economy/
distribution/daikibo/todokede.html) より著者作成
（注 1）届け出件数であって，実際の出店数を示すものではない。
（注 2）大店立地法は 2000（平成 12）年 6 月 1 日施行のため，2000（平成 12）
年度は 2000（平成 12）年 6 月〜 2001（平成 13）年 3 月の 10 カ月間のもので
ある。

移を示している[15]。新旧百貨店法，大店法といった，流通調整政策が「放棄」
される以前の法施行前にもみられた現象であるが，いわゆる駆け込み出店と，
その後の様子見等の影響，大店立地法附則にある「経過措置」ならびに同法が
年度途中の 2000（平 12）年 6 月 1 日施行であったこと等が影響したとみえ，
2000（平成 12）年度の新規店届け出件数は 193 と少なくなった。2000 年代
はおおむね 700 件前後で推移していたが，2008（平成 20）年に勃発したリー
マン・ショックに伴う経済状態悪化の影響をうけて翌年度には届け出件数が大
きく落ち込んだ。その後の 2010 年代は，前 10 年に比し，新規出店届け出件
数増加の勢いは衰え，2019（令和元）年度には 432 と，同法施行後，その数
値は最小となった。

　この傾向は，近年の小売店舗・商業施設の大規模化・巨大化の象徴であると
いってもよい，ショッピングセンター（以下では，SC と呼ぶ）においてはより
顕著である。

図5-4　SC新規オープン件数と1SC当たりの平均店舗面積の推移

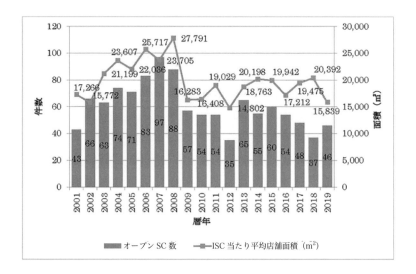

出所：「一般社団法人日本ショッピングセンター協会ホームページ」（http://www.
jcsc.or.jp/sc_data/data/overview）（2020年7月27日閲覧）より著者作成

　図5-4は，新規オープンSCと1SC当たりの平均店舗面積の推移を示して
いる。

　2019（令和元）年12月末現在，わが国には3,209のSCが存在する（一般
社団法人日本ショッピングセンター協会 2020, p.10）が，ここにも大規模小売業
受難の状況をうかがうことができる。

　2003（平成15）年は前年からの新規オープン数は若干減少したものの，
1SC当たり平均店舗面積は21,199㎡と，2万㎡を超えてSCの大型化が進み，
2008年度には27,791㎡（新規オープン件数88）と，さらに巨大化が進んだ。

　しかしながら，やはり，リーマン・ショック後の経済状態悪化等の影響もあっ
て，件数，平均店舗面積ともに拡大が緩やかになりつつある。

　流通調整政策の「放棄」は，大規模小売店舗出店を完全に自由にしたといわ
ないまでも，それを著しく容易にしたのであり，SCなど大規模商業施設を展

開する大規模小売業にとっては，本来は追い風となるものであったし，実際に追い風となったのは間違いない。

　その勢いにかげりはみられるものの，それらの新規出店の届け出・出店件数は増加しているのである。そのかげで，依然として数の上では大多数を占める中小小売業およびそれらが構成する商店街の停滞・衰退が進んでいること，そのこと自体が問題なのである。

　21世紀に入り，急速に EC 化が進むなか，多くの小売業が変化を求められ，対応しているさなかにリーマン・ショックに襲われ，今また，2019（令和元）年暮れから世界で猛威を振るう COVID-19 禍の影響を受けている。

　世紀の変わり目の流通調整政策の「放棄」により，わが国小売事業所数の絶対的減少が進んだが，これにはさまざまな経済社会環境の変化が影響していることは間違いない。COVID-19 禍が今後の世界経済に影を落とすことは必至であり，その影響ははかりしれない。

　今日のわが国の流通政策は，流通競争政策を流通振興政策が補完する形で展開されているといってよい。

　今後，経済状態悪化必至の状況で競争環境はさらに悪化することが予測される。その時，本来，競争の影響と速度を「適正化」することによって，競争そのものを円滑に進めることを目的とする，流通競争政策を補完する「車の両輪」のうちの片輪である流通調整政策が存在することによって，消費者に店舗および商品選択の自由をもたらし，真の消費者利益の実現に一歩近づけるのではなかろうか。

注

1) 2000（平成 12）年 6 月 1 日の大店立地法施行後 8 カ月間は「経過措置」がとられることが，同法附則のなかで謳われている。同法施行日までにすなわち，既に大店法のもとで出店届け出がなされ，大店立地法施行後 8 カ月以内に出店が完了すれば，大店立地法の規制は受けなかったのである。

2) 1952 年に開始された「商業統計調査は，『公的統計の整備に関する基本的な計画（平成 30 年 3 月 6 日閣議決定）』における経済統計の体系的整備に関する要請に基づき，経済センサス‐活動調査の中間年における経済構造統計の整備・充実を図るため，経済構造統計に統合・再編」（「経済産業省ホームページ」）

（https://www.meti.go.jp/statistics/tyo/syougyo/haishi.html））された。これにより，今日では商業統計調査は廃止され，新たに創設された「経済構造実態調査」に統合・再編されている。

3）『日経流通新聞』1997 年 12 月 27 日付。

4）「大店法は形式的には大店立地法に引き継がれることになったが，政策理念としては両法の間に継続性はない。大店立地法では，大規模小売店舗の周辺環境への影響を問題にするものであって調整政策という政策手法は大店法の廃止をもってほぼ姿を消したと考えてもよいであろう」（番場 2007，p.321）。

5）流通政策の体系等についてより詳しくは，渡辺 1999 を参照されたい。

6）「今日，百貨店の前身と認められているのが，パリのマガザン・ド・ヌヴォテ（流行品店）である。この小売業態は，婦人服服地のほか，レース，毛皮など，そして 1820 年代後半からは既製服を取り扱った。豪華で魅力的なウィンドウをもち，入店自由，定価販売，現金販売，返品可などの販売方法を採ったが，その多くは 2 月革命（1848 年）前後の社会的変動の中で消えた」（三浦 2009，p.76）とされている。

7）以下の第二次百貨店法の特徴についても，同論文の内容に沿っている。

8）その第 1 号店は，「1930 年マイケル・カレン（Michael J. Kullen）によって，ニューヨーク州・ジャマイカに開業されたキング・カレン（King Kullen）である」（佐々木 2009a，p.78）。

9）『日経流通新聞』1997 年 12 月 27 日付。

10）例えば，2009 年に成立した消費者庁関連 3 法の 1 つである消費者安全法では，第 2 条において，「『消費者』とは，個人（商業，工業，金融業その他の事業を行う 場合におけるものを除く。）をいう」と定義されている。

11）例えば，消費者保護政策の主たる対象は，このような「消費者」である。

12）加藤義忠氏が指摘されるように，「中心市街地衰退の要因は郊外への大型店の出店である」（加藤 2007，p.53）ことは，内閣府，すなわち政府が認めていることでもある。

13）消費者利益の重要な要素を占める商品の品質等安全性の問題については，流通規制緩和の進展のもとでは必ずしも重点がおかれてこなかったように思われる。消費者利益が価格や利便性に収れんされていたことの証左であるともいえるが，このことは，今日の商品安全性にかかわるさまざまな報道をみれば明らかである。

14）まちづくり三法の改正とはいっても，大店立地法を除く二つの法律，すなわち都市計画法（正式名称「都市の秩序ある整備を図るための都市計画法等の一部を改正する法律」，2006 年 5 月 31 日公布）と中心市街地活性化法（正式名称「中心市街地の活性化に関する法律」，2006 年 6 月 7 日公布）の改正にすぎない。大店立地法の改正は見送られており，この改正をもって「流通調整政策」復活にむけた動きが生じたとは到底いえない。

ところで，改正都市計画法と中心市街地活性化法の評価については，以下のものが参

考になるので，参照されたい。加藤義忠 2007，pp.51-66。
15) 大店立地法のもとでは，店舗面積 1000㎡超の大規模小売店舗を新設・変更する者は，
都道府県（政令指定都市を含む）に届け出なければならないとされており，ここでの
数値は店舗面積 1000㎡超の大規模小売店舗の新規出店届け出件数である。

参考文献

1)　石原 武政（1991）「流通調整政策」鈴木 武編『現代の流通問題』東洋経済新報社
2)　一般社団法人日本ショッピングセンター協会（2020）『SC 白書 2020 〜新しいラ
イフスタイルをリードする SC 〜』一般社団法人日本ショッピングセンター協会
3)　加藤 義忠（2000a）「戦前の流通機構」加藤 義忠・佐々木 保幸・真部 和義・土屋
仁志『わが国流通機構の展開』税務経理協会
4)　加藤 義忠（2000b）「高度経済成長期の流通機構」加藤 義忠・佐々木 保幸・真部 和義・
土屋 仁志『わが国流通機構の展開』税務経理協会
5)　加藤 義忠（2006a）「第 1 次百貨店法の成立」加藤 義忠・佐々木 保幸・真部 和義
『小売商業政策の展開［改訂版］』同文舘出版
6)　加藤 義忠（2006b）「第 2 次百貨店法の特質」加藤 義忠・佐々木 保幸・真部 和義『小
売商業政策の展開［改訂版］』同文舘出版
7)　加藤 義忠（2006c）「大規模小売店舗法の制定」加藤 義忠・佐々木 保幸・真部 和義『小
売商業政策の展開［改訂版］』同文舘出版
8)　加藤 義忠（2006d）「大店法改正とその後の規制強化」加藤 義忠・佐々木 保幸・
真部 和義『小売商業政策の展開［改訂版］』同文舘出版
9)　加藤 義忠（2007）「まちづくり 3 法の見直し」関西大学『商学論集』第 52 巻第
4 号
10) 経済産業省編（2007）『新流通ビジョン』経済産業調査会
11)「財団法人流通経済研究所 40 年史」編集委員会編（2007）『財団法人流通経済研
究所 40 年史〜流通の進化をめざして〜』流通経済研究所
12) 佐々木 保幸（2006）「小売商業政策の分析視角」加藤 義忠・佐々木 保幸・真部
和義『小売商業政策の展開［改訂版］』同文舘出版
13) 佐々木 保幸（2009a）「総合スーパーとスーパーマーケット」加藤 義忠監修・日
本流通学会編『現代流通事典［第 2 版］』白桃書房
14) 佐々木 保幸（2009b）「わが国の流通政策」加藤義忠監修・日本流通学会編『現代
流通事典［第 2 版］』白桃書房
15) 関根 孝（2004）「流通政策－大店法からまちづくりへ－」石原 武政・矢作 敏行編
『日本の流通 100 年』有斐閣
16) 番場 博之（2007）「流通政策の理論と歴史」加藤 義忠・齋藤 雅通・佐々木 保幸編『現
代流通入門』有斐閣

17）真部 和義（1995）「規制問題と消費者利益」柏尾 昌哉『現代社会と消費者問題』
　　大月書店

18）真部 和義（1996）「流通規制緩和論の検討」加藤 義忠・佐々木 保幸・真部 和義
　　共著『小売商業政策の展開』同文舘出版

19）三浦 一郎（2009）「百貨店」加藤 義忠監修・日本流通学会編『現代流通事典［第 2 版］』
　　白桃書房

20）森下 二次也（1974）『現代の流通機構』世界思想社

21）渡辺 達朗（1999）『現代流通政策―流通システムの再編成と政策展開―』中央経
　　済社

第6章

流通振興政策

本章の構成

第1節　流通振興政策

第2節　流通近代化政策

第3節　中小小売商業振興政策

┌─**本章のポイント**─────────────────────┐

　わが国は，特定産業を主軸に積極的な産業政策を推進して経済発展を遂げてきた。そのために流通政策も生産部門の合理化に対応する流通合理化を志向する流通振興政策が重視され推進されてきている。本章は，流通振興政策の概念と経緯を説明したうえで，高度経済成長期において推進された流通近代化政策・流通システム化政策について考察する。さらに中小小売商業振興法を中心として中小小売商業振興政策について考察する。

　○第1節では，流通振興政策を概念化したうえで，その経緯を概説する。

　○第2節では，流通近代化政策・流通システム化政策について学習する。

　○第3節では，中小小売商業振興法を中心に中小小売商業振興政策について学習する。

└────────────────────────────────┘

第1節　流通振興政策

1.　流通振興政策の概念

　流通振興政策は，流通部門における競争主体の環境変化への適応を促進し援助しようとする政策である（石原 1989, p.215）。さらにいえば，流通部門における競争主体とりわけ中小商業の環境変化への適応を促進しようとする政策であり，中小商業の競争力を強化し，その経営能力ないし効率を向上させ，絶えざる競争構造の変化に対する適応能力を増大させる政策である（鈴木 1993, pp.9-10）。

　一般に，流通振興政策は，流通合理化・効率化を通して流通や商業の振興ないし活性化をはかる政策である。この流通振興政策は対象領域によって2つに分けることができる。それは，第1に経済全体に対する流通部門の環境変化への適応を促進しようとする広義の流通振興政策であり，具体的には生産部門や消費部門に対して流通部門ないし商業部門の振興ないし活性化をはかる政策である。第2に商業部門内における中小商業の振興ないし活性化をはかる狭義の商業振興政策である。通常，流通振興政策としてはこの**狭義の商業振興政策**である**中小商業振興政策**に限定されている場合が多い（岩永 1993, p.100）。

　このような流通振興政策は，わが国の高度経済成長期に推進された一連の流通近代化政策に典型的にみられる。これらの流通近代化政策を推進した背景には，生産構造や消費構造の変化に対応した流通部門の振興・活性化に基づく合理化の要請があったからである。つまり，流通部門ないし商業部門は生産部門や消費部門に対して遅れた領域であり，高度経済成長によって実現された大量生産や大量消費に対応するだけの構造と機能を有しておらず，経済成長にとって足かせとなったという危惧が，産業界や政府当局からも認識されるようになったからである（鈴木 1979, p.172, 岩永 1995, pp.123-124）。

　そのために，広義の流通振興政策は，経済産業省（以下，旧通産省とする）主導のもとに大規模生産システムに対応・適応した制度的志向に基づく**流通近代**

化政策ならびに機能的志向に基づく**流通システム化政策**として推進されたのである（鈴木 1979, pp.181-182）。また，狭義の商業振興政策は，わが国の圧倒的部分を占めている中小商業の近代化をはかるために，流通近代化政策や流通システム化政策の一環として，個々の中小商業の効率化・合理化とともに中小商業相互の協業化・組織化を推進しようとする，いわば中小商業近代化政策として推進された。このような中小商業近代化に基づいた中小商業振興政策は，1973 年の**中小小売商業振興法**の制定によって制度化されたのである。

　ともあれ，流通振興政策は，流通・商業領域における合理化・効率化に基づく商業近代化あるいは流通近代化政策が主要な課題となるのである。そこで，まず流通振興政策の経緯を概説しておこう。

2.　流通振興政策の経緯

　流通振興政策の原型は，1932 年の商業組合法を嚆矢としている。この法律は中小小売商業（中小小売業）が共同事業によって経営改善をはかるものであった。商業組合法は同業者の中小小売商業が集まって共同事業のための組織を形成し，同時にまた異業種の集まりである商店街商業組合も組織された。ここでの流通振興政策は，中小商業の協業化・共同化に重点（渡辺 2016,pp.136-137）がおかれた商業振興政策であった。

　戦後の流通振興政策は，1962 年に商店街振興組合法が制定されたのを契機として，1963 年に店舗等集団化事業，小売商業店舗共同化事業，商店および商店街診断，広域診断事業，1964 年に商店街近代化事業，1967 年に小売商業連鎖化事業（佐々木 2013, p.120）が相次いで実施された商業振興政策であった。

　そして，本格的な流通振興政策は，高度経済成長期の旧通産省によって推進された流通合理化を志向した流通近代化政策であった[1]。まず，第一段階の流通近代化政策は，1963 年に産業合理化審議会（現在の産業構造審議会）に流通部会が設置されてから 1968 年に第 6 回中間答申『流通近代化の展望と課題』が公表された期間に実施された流通近代化政策であった（鈴木 1979, p.175）。この流通近代化政策は，生産合理化に対する流通合理化を基本的課題として，

流通機構の構成要素である制度体（組織体）としての商業の規模拡大による生産性向上と競争力強化を志向するものであった。

　次に第二段階の流通近代化政策は，流通活動・機能の合理化を志向する流通システム化政策として打ち出された。この期間は1969年の第7回中間答申『流通活動のシステム化について』が公表されてから1973年の第1次石油危機までの時期であった。この流通システム化政策は，生産と消費を結ぶ流通活動そのものの合理化，つまり流通機能・流通活動そのものの高度化・効率化による流通合理化・近代化を志向するものであり，本来の流通政策に値するものであった（鈴木1979, pp.177-178）。

　さて，1972年に第10回中間答申『流通革新下の小売商業－百貨店法改正の方向－』が打ち出され，この答申を受けて，1973年に百貨店法改正による**大規模小売店舗法**（正式には「大規模小売店舗における小売業の事業活動の調整に関する法律」，略称「大店法」）が制定された。同時に中小小売商業を合理化・近代化するために中小小売商業振興法（小振法）も制定されたのである。この法律は，商店街近代化を目的として店舗の共同化，アーケードの設置，舗道や駐車場など関連施設の整備を促進するものであり，そのための措置として中小企業振興事業団による高度化資金など有利な資金の利用を可能にした。

　その後，1973年の第1次石油危機を契機として，高度経済成長から低・安定経済成長へ大きく変化し，1979年の第2次**石油危機**以降から経済も比較的に安定成長していたが，このような状況のなかで，1984年に『80年代の流通産業ビジョン』が公表された。ここでは，従来の経済的効率性に加えて地域社会との調和の面から社会的有効性の理念が新たに導入され，経済的効率性と社会的有効性という二元的な政策課題が志向されたのである（通商産業省産業政策局・中小企業庁編1984, pp.18-21）。

　1989年に『90年代の流通ビジョン』が公表され，「競争メカニズムが有効に機能するシステム」（通商産業省商政課編1989, p.145）にするという積極的な競争メカニズムが提示された。この流通ビジョンを受けて，1991年に「商業集積を核としたまちづくり」を基本コンセプトとする**特定商業集積整備法**（正

式には「特定商業集積の整備に関する措置法」）が施行された（佐々木 2013, p.91）。さらに，1995年に『21世紀に向けた流通ビジョン』が公表され，ここでは「流通構造改革」への積極的でダイナミックな取り組みが要請されたのである（通商産業省産業政策局・中小企業庁編 1995, pp.3-7）。

　1990年代後半になると，規制緩和による大型店の郊外立地が進み，商店街の空き地や空き店舗の恒常化による中心市街地の空洞化が進展していった。その結果，これまでの大規模小売店舗法の調整政策と中小小売商業振興法の振興政策からなる小売二法による流通政策に限界がみられ，1998年に**「まちづくり三法」**[2]が制定された。

　しかし，「まちづくり三法」制定後も大型店の郊外立地の進展やそれに伴う商店街の衰退などにより中心市街地の空洞化が進展していき，「まちづくり三法」自体の不備も指摘され，「まちづくり三法」が改正された。その中で，**中心市街地活性化法**（正式には「中心市街地の活性化に関する法律」）の改正（2006年）は，実効性のある活性化事業，市街地への都市機能の集約をあげている。具体的には，中心市街地への居住等の促進，中心市街地整備推進機構の拡充，中心市街地への大型店出店の促進等があげられる。これに関連して，中心市街地活性化法とは別に，商店街や中心市街地の地盤沈下が進行したために，商店街に焦点をあてた独自の流通振興政策として，2009年7月に**地域商店街活性化法**（正式には「商店街の活性化のための地域住民の需要に応じた事業活動の促進に関する法律」）が制定され，同年8月から施行されている（岩永 2013, pp.143-144）。

　ともあれ，1980年代以降の流通ビジョンならびにまちづくり三法にみられる流通振興政策は，都市政策・まちづくりの枠内において流通・商業の合理化・効率化を志向する商業振興政策が推進されてきている。

　そこで，第2節に旧通産省による流通近代化政策・流通システム化政策，第3節に中小小売商業振興法を中心として中小小売商業振興政策をみていこう。

第2節　流通近代化政策

1.　流通近代化政策

　わが国の流通政策は，1960年代前半，**流通革命論議**を契機として，これまでの中小商業の保護・温存という「後向き」の政策からこれを「前向き」の政策に方向修正をしなければならないという政策思潮が支配的となった（森下1994, p.182）。このような政策転換はなによりも流通部門における合理化・近代化を志向するものであり，ここにはじめて経済政策の一環としての商業政策あるいは流通政策が登場してきたのである。このことは，従来の中小小売商業保護に終始一貫してきた社会政策的な商業政策から経済政策としての商業政策ないし流通政策へ方向転換したことを意味するものであった。

　このような政策思潮の背景に加えて，高度経済成長過程において急激な消費者物価問題，深刻な労働力不足の問題ならびに資本自由化の問題といった緊急の課題（鈴木1979, p.172）が流通政策を流通合理化志向へ向かわせた契機となったのである。

　そこで，まず流通部門における合理化・効率化を実現する方法は，個々の商業が単独で大規模化をはかることであった。そこでは，科学的な合理化手法の導入やそのための経営診断・経営指導・融資などをその主要内容としていた（荒川1978, p.18）。個々の商業が単独で大規模化する取り組みについては，1960年代に入って急速に成長してきたスーパーに対する政府の姿勢であった。政府の流通近代化は，スーパーの急成長に対して法的規制を加えるよりも，その自由な市場参入をむしろ奨励することを意図するものであった。さらにいえば，高い生産性をもつ近代的大規模小売業態であるスーパーを導入することによって流通部門における近代化を推進しようとするものであった（片桐1984, pp.38-39）。

　次に，流通部門における合理化・効率化を実現するもうひとつの方法は，個々の商業が相互に組織化・協業化する，いわば企業の外部経済による流通合理

化をはかることであった（荒川 1978, pp.18-19）。これは，1968 年の第 6 回中間答申『流通近代化の展望と課題』のなかで強調された。すなわち，「流通機能担当者は一般に小規模であり，資本力も個々には弱いので個別に急速な大規模化をはかるのは多くの場合困難である。このような状態を前提として規模の利益を実現するには，生産者，中間加工業者，卸売業者，小売業者等を通じて，企業の組織化，協業化をはかるのが最も効果的である」（通商産業省企業局編 1968, p.83）と。そして，その具体的施策として，第 1 にボランタリーチェーン化，第 2 に中小小売業の店舗共同化（寄合百貨店，寄合スーパー，総合市場等），第 3 に商店街の再開発や新しい建設，第 4 に卸商集団化（卸総合センター，卸商業団地）による機能の統合があげられた（通商産業省企業局編 1968, p.83）。

　いずれにせよ，この流通近代化政策は，一方ではスーパーの急成長をはかるとともに，他方では中小商業のスーパーに対する競争力を強化し，近代化・合理化をはかるために環境の整備と集団化・組織化・協業化を推進しようとするものであった。これは，単に中小商業の保護育成を個別企業の内部経済の範囲を超えて，商業組織間の外部経済の合理化・近代化をはかろうとするものであった（佐藤 1974, p.303）。

　そこでは，「保護を求めるよりも自ら合理化に努力するという意識を醸成するように誘導し，とくに合理化の意欲に燃えている中小企業を積極的に支持するよう配慮すること」（通商産業省企業局編 1968, p.82）とあるように，政府が積極的に推進しているボランタリーチェーンの結成についても，自主的に資本力・経営力の面でのさまざまな障害を克服して実施に移す動きがある場合に限って，若干の便宜を与えようとする政策であった。これはもはや中小商業を保護しようとする政策ではなく，政府の近代化を意図する育成政策であり，そのための選別・淘汰政策であったといわなければならない（森下 1994, pp.183-184）。したがって，この流通近代化政策は中小商業をただ温存させるのではなく，わが国の経済成長の障害となる中小商業をむしろ選別・淘汰すべきであるという合理化志向に基づくものであったといえる。

　しかし，このような流通近代化政策は，これまでの伝統的な商業保護政策と

は一線を画すべき政策であったとはいえ，制度体としての商業の大規模化ある
いはその集団化・組織化・協業化のための助成を意図するものであった（鈴木
1979, p.181）。その限りにおいて，それは本来の流通政策ではなく，あくまで
も商業政策の域を出る政策ではなかったのである。

2. 流通システム化政策

流通近代化政策は，個々の商業の大規模化あるいはその集団化・組織化・協
業化による外部経済の合理化といった規模の利益による合理化・効率化を志向
する政策であった。この流通近代化政策は，確かに政府の助成的施策によって
流通部門における生産性向上と競争力強化をそれなりに達成したのであるが，
真に流通近代化政策の名に値するものではなかった。

流通合理化・効率化にとって重要なことは，制度体としての個々の商業やそ
の集団の合理化だけでなく，それによって遂行される流通活動そのものの生産
性向上や機能高度化をはかることであった。なぜなら，流通近代化政策によっ
て個々の商業やその集団がいかに合理化されたとしても，そこでの流通活動が
前近代的で非能率的であるならば，それらの効果も減殺されることになるから
である。このような認識に基づいて，流通振興政策は，個々の商業やその集団
化・協業化による合理化を志向する流通近代化政策から，生産と消費を結ぶ流
通活動そのものの合理化，つまり流通機能・流通活動そのものの高度化・効率
化を志向する流通システム化政策[3]へと転換せざるをえなかったのである（鈴
木 1979, pp.177-178）。

流通システム化政策は，「その具体的政策となると，流通活動の有機的連環
を保証するような施設や機構の整備をとりあげざるをえなくなっている。真の
意味は，流通活動の，特に生産と消費を含めたタテの連環の有機的連動を達成
しうるような流通諸操作の合理化と，それを支える施設，用具の整備や組織の
形成を行うことによって，生産と消費を結ぶ巨大なシステムとしての流通の行
動の有効性と能率とを引き上げる政策を形成するところにこそある。・・・そ
れは，新しい視界と視角を持ち，流通を巨大なシステムとしてとらえ，流通機

構をシステムの構造，流通活動をシステムの行動として，1つの運用系としてのその有効性と能率を引上げるという明瞭な政策目標を形成している」（荒川1978，p.20）という考え方であった。

したがって，この流通システム化政策が本来の意味における流通合理化志向の流通政策に値するものであり（鈴木1979，p.178），この流通システム化政策によってはじめて流通部門における最大限の効率化を達成することができた（風呂1981，p.87）といえる。こうなってくると流通政策の政策対象は流通そのものであって，商業はその一環しかも従属的な一環としての地位を与えられたにすぎなかったのである（森下1994，p.185）。

流通システム化政策が推進されるようになった背景には，1960年代後半からわが国経済に構造的に内在する過剰生産傾向を克服していくために，それに見合うかたちで流通部門をいっそう合理化しながら積極的に国内市場を拡大していくことが必要になったからである。ところが，1970年代になって寡占企業間の競争関係が固定化し，いわゆる寡占的競争構造が定着した。そのために寡占企業は自らの市場を維持し強化せざるをえなくなり，流通部門においてもそのシステム化が要請されるようになったのである（白髭1976，pp.339-340）。

この流通システム化政策が推進された時期は，1969年の第7回中間答申『流通活動のシステム化について』が公表されてから1973年の第1次石油危機までの時期であった。この流通システム化政策は，流通近代化政策に引き続き流通合理化を基本的課題としており，それを支える論理としては**機能主義的志向**[4]と**有効競争志向**[5]があげられた（鈴木1979，p.181）。

1969年の『流通活動のシステム化について』は，「一国における流通活動の全体系を，各個別のばらばらな流通機能の集合体ではなく，これを一個の全系として把握することを通じて，そのシステム化の途を考え，さらにその次の段階で，そこへシステムズ・アプローチ的な思考を適用するということで対処してゆくことが必要である」（通商産業省企業局編1969，p.5）という基本的構想のもとに，システム化の方向やその推進のための課題と施策の概要が提示された。

そして，この答申に基づいて流通システム化推進会議が設置され，1971年

に『流通システム化基本方針』が策定された。その序文によると、流通システム化とは、「流通活動が生産と消費とを媒介するものであり、本来的に多数の企業、事務所、部門に関連するものであることに着目し、生産から消費に至る全流通過程を一つのシステムとしてとらえ、その全体的、総合的効率化をはかること」（通商産業省企業局編 1971, p.9）とされ、この基本方針に則り、1973年末に『流通システム化実施計画』が決定されたのである。

さて、1970年代からわが国の流通政策は、流通システム化政策を打ち出し、それと並行してなお流通近代化政策が引き続いて推進された。したがって、流通システム化政策を主軸に流通近代化政策を補完軸として展開されたのである（荒川 1978, pp.20-21）。

ともあれ、流通システム化政策は、個々の企業グループの流通諸活動をシステム化し、さらにこれら多数のシステムを統合して国民経済全般の流通諸活動の流通システム化をはかろうとするものであった。しかし、自由競争を建前とする資本主義経済体制のもとにおいては、国民経済全般の流通システム化は不可能なことであって、結局、個別企業のシステム化に貢献するものでしかなかったのである（白髭 1976, p.348）。

第3節　中小小売商業振興政策

わが国の小売商業は、資本主義経済の発展の後進性とその特異性に基づく所得水準の低さや市場の地域性・狭隘性などに規定されて、零細性・過多性・生業性・低生産性を特徴とした多くの中小零細小売店（以下、中小小売商業とする）によって占められていた。ところが、高度経済成長過程において大規模・寡占メーカーの積極的な経済活動による全国市場の創出や所得水準の向上によって大量生産体制と大衆消費社会が実現し、小売部門では新興大規模小売業態であるスーパーの急速な発展により急激な変化がみられ、いわゆる**流通革命**が起こった。

しかし、他方では、高度経済成長がかなり長期にわたって維持されていたた

めに，**市場スラック**が発生し，零細性・過多性・生業性を特徴とする相対的に生産性の低い中小小売商業にも存続の機会が与えられた。しかも免許・許可制，税制および大型店規制など政府の公共政策が中小小売商業を温存させる制度的装置として強力に作用したのである（田村 1987, pp.66-67）。

わが国の小売商業の発展は，その大部分を占めている中小小売商業に依存し規定されている。そのために，わが国の商業・流通政策は，これら中小小売商業をどのように取り扱うかが常に主要な課題として展開されてきた。

中小小売商業振興政策は，戦前の 1932 年の商業組合法を嚆矢とし，戦後においても，1962 年の商店街振興組合法をはじめ一連の施策・事業が相次いで講じられた。そして，中小小売商業振興政策として体系化されたものが，1973 年に制定された中小小売商業振興法であった。

この中小小売商業振興法は，高度化事業計画に基づきながら，流通近代化政策の枠組みを受け継ぐものであり，中小小売商業の共同化・協業化によって高度な事業活動の実現をめざすものであった。その具体的施策としては，次の 3 つの事業・支援が提示された。

①商店街整備事業—既存商店街の活性化のための事業への支援

②店舗共同化事業—新たな共同店舗を建設するための事業への支援

③連鎖化事業—ボランタリーチェーンの組織化をめざす事業への支援

そして，これらの事業を実現するために，①診断指導・人材育成等，②資金面の支援措置，③税制面の支援措置の整備がはかられたのである。

しかし，中小小売商業振興法の制定にもかかわらず，中小小売商業の経営環境は好転せず，中小小売商業の衰退や商店街の地盤沈下など大局的な状況に変化はなかった。そして，この中小小売商業振興法に基づく中小小売商業振興政策には，次のような限界や問題が指摘された。

①商店街における共同事業は，抜本的対策や柔軟な変化の対応が困難である。

②店舗共同化事業は，運営のノウハウと変化対応力が不足している。

③連鎖化事業は，チェーン組織としての競争力が弱い。

④事業主体としての組合組織における合意形成が難しい。

　特に，①，②，③の事業主体としての組合組織の意思決定は，多数決原理に
よってではなく全会一致の原則によって運営されるという，合意形成に規定さ
れていることに限界と課題があげられた（渡辺 2016，pp.143-147）。

　そこで，中小小売商業振興法に基づく流通振興政策の限界 [6] の状況の中で，
新たな政策方向として『80年代の流通産業ビジョン』（1983年）が公表された。
そこでは，地域社会（コミュニティ）における小売商業の役割の重要性が強調
されるとともに，商店街のように伝統ある商業集積は地域文化や地域社会の担
い手であるとの考え方が提示されたのである。

　こうした考え方に基づいて**コミュニティ・マート構想**が立案された。この背
景には，従来の中小小売商業向けの振興政策が商店街のアーケードの架け橋や
カラー舗装化などといった施設整備（ハード）面の支援に重点がおかれていた
反省を踏まえ，ソフト面も含めた支援策が強化され，特に意欲ある小売商業に
対して集中的に支援を行う方向が打ち出された。そして，そのキーワードとし
て「まちづくり」という概念が注目されるようになった。その結果，流通振興
政策は，「**まちづくり**」をキーワードにソフト面の支援と地域社会とのかかわ
りという2点を重視する方向が拡充・強化されていくことになったのである（渡
辺 2016，pp.147-148）。

　1990年代における中小小売商業振興政策は，1991年の中小小売商業振興
法の改正によって，中小小売商業を取り巻く経営環境の変化に対応する方向を
打ち出した。その特徴は，街づくりの観点に立った施策や中小小売商業の経営
機能の高度化，イベント支援などソフト面の施策を新たに導入した。それは，
従来の高度化事業計画（商店街整備計画＜商店街アーケード等の整備，店舗の一斉改
装＞，共同店舗等整備計画＜ショッピングセンターの整備＞＜拡充＞，連鎖化事業計画
＜ボランタリーチェーンの推進＞＜拡充＞）に加えて，店舗集団化計画（新規立地
点における商店街づくり），電子計算機利用経営管理計画（電算機による経営合理
化），商店街整備等支援計画（街づくり会社〈公益法人等〉による商店街等の整備）
の3つの計画が新たに追加されたのである（渡辺 2016，pp.149-154）。

　同時に，中小小売商業振興法の改正を含む大店法関連5法の1つとして特

定商業集積整備法（1991 年）が，特定商業集積の整備を促進することにより，商業の振興と良好な都市環境の形成をはかることを目的として制定された。この法律は，中小小売商業を含めた地域商業全体の発展，良好な都市環境の形成や「まちづくり」などの観点から，一定の要件を満たす商業集積（ショッピングセンターや商店街など）を整備することであった（渡辺 2016, p.152）[7]。

　ともあれ，中小小売商業振興政策は，わが国の大部分を占めている中小小売商業に対して商店街をはじめ組織化・集団化することによって合理化・効率化を志向する政策が戦前から一貫して推進されてきた。特に 1973 年の中小小売商業振興法の成立によって制度化され，中小小売商業に関わる商店街事業・店舗共同化事業・連鎖化事業の支援を中心に推進されてきた。その後，「まちづくり」をキーワードにソフト面の支援と地域社会とのかかわりを重視する都市政策・まちづくり政策の視点から中小小売商業振興政策が推進されてきている。

注

1)　この通商産業省ないし経済産業省による流通振興政策は，その強弱の差異はあるが，1971 年の『70 年代における流通』，1984 年の『80 年代の流通産業ビジョン』，1989 年の『90 年代の流通ビジョン』，1995 年の『21 世紀に向けた流通ビジョン』，2007 年の『新流通ビジョン』など一連の流通ビジョンの中に提示され推進されてきている。なお，これらの流通ビジョンにみられる流通振興政策は，流通・商業部門の制度的・機能的視点からの合理化・近代化を志向しながら，都市・地域政策や「まちづくり」の視点に基づく商業（特に中小小売商業）合理化・近代化が推進されてきている。

2)　まちづくり三法は，改正都市計画法，大規模小売店舗立地法，中心市街地活性化法の 3 つの法律の総称をいう。

3)　日本の流通近代化政策は大きく 3 つの段階に分けられる（荒川 1978, pp.18-20）。
　　　第 1 段階は，流通機構の構成要素たる経済単位，企業の経営合理化を主軸とした段階である。特に中小企業における科学的な合理化手法の導入と，そのことを可能ならしめるための経営診断，経営指導，融資などがその主要内容となっている。
　　　第 2 段階は，経済単位の外部経済の合理化である。いわゆる環境整備と集団化・組織化・協業化の推進である。具体的には，商店街診断，広域診断を出発点とする商業団地，流通センターづくりやボランタリーチェーン結成の推進などがその内容である。

　　第3段階は，流通活動のシステム化である。つまり，流通における諸種の操作の適切な連動であり，いわばタテの操作連動の有効化・能率化による流通活動の合理化の推進である。

4)　機能主義とは，有機的統一体として全体とそれを構成する部分との関係あるいはそれら部分相互の関係に注目しようとするものである。したがって，部分と全体の単なる機械分子とみるのではなく，独自の行動基準をもつ集団としてその態様ないし形態に注目しようとする制度主義志向ないし制度的視点といわば対立するものである。

　　流通政策に関していえば，流通機構を構成する商業そのものについて何らかの助成や規制をおこなうのが制度的視点に立つ流通政策であるのに対し，流通機構あるいはその構成要素たる商業の国民経済全体に対する役割あるいは貢献を配慮するのが機能的視点に立つ流通政策であるといえる。個々の商業やその集団について配慮を基礎とする流通近代化政策が前者に属し，生産から消費にいたる垂直的連関の有機的整合性と流通活動そのもののシステム化をめざす流通システム化政策が後者に属する（鈴木1979, p.182）

5)　『70年代における流通』における「流通政策の方向」（有効競争の維持・促進）のなかで，「競争は，流通部門における望ましい市場構造を形成し，市場成果の適正配分をもたらすような有効なものでなければならない。このため，競争条件の整備と有効競争の促進は，流通政策の重要な部分となる」との指摘がある（通商産業省企業局編1971, p.58）。

6)　中小小売商業振興法の具体的な問題点として，佐々木保幸は次の点を指摘している（佐々木1996, pp.174-175）。

　　第1に，同法には中小小売商業の「個別的振興」という観点が弱い。

　　第2に，振興指針において中小小売商業の従業者の福利厚生についてふれられているが，法制度のなかでその具体的な方策がなんら示されていない。

　　第3に，中小小売商業の振興を地域社会のなかでどのように位置づけ，都市計画といかに整合性をもたせるかという理念や方向性がみられない。

　　第4に，中小小売商業振興政策の内容の多様性とは裏腹に，その財政的基盤が脆弱である。

7)　特定商業集積の事業タイプの1つは，既存の商店街の中小小売商業を中心とした商業集積であり，売り場を中心とした商業施設とコミュニティホール・イベント広場・駐車場など商業基盤施設や道路・公園・河川などの公共施設を一体的に整備しようとする地域商業活性化型であった。もう1つのタイプは，大型店と中小小売店が共存共栄をはかろうとするもので，大型店を核として相当数の地元中小小売店を含んだ商業集積であって，商業施設と商業基盤施設を整備し併せて公共施設の整備を行う高度商業集積型であった（上田1992, pp.148-149）。その後，中心市街地活性化型が追加されたが，2006年に中心市街地活性化法の制定により廃止された。

参考文献

1) 荒川 祐吉（1978）『流通政策への視角』千倉書房
2) 石原 武政（1989）「商業政策の構造」石原 武政・池尾 恭一・佐藤 善信『商業学』有斐閣
3) 岩永 忠康（1993）「流通振興政策」鈴木 武編『現代の流通問題—政策と課題—』東洋経済新報社
4) 岩永 忠康（1995）「戦後わが国の流通政策の展開」田中 由多加編『入門商業政策（増補改訂版）』創成社
5) 岩永 忠康（2013）「大型店撤退問題」岩永 忠康・佐々木 保幸編『現代の流通政策』五絃舎
6) 上田 弘（1992）「大規模小売店舗法の改正と課題」岡田 千尋・岩永 忠康・尾碕 眞・上田 弘・藤澤 史郎『現代商業の構造と政策』ナカニシヤ出版
7) 片桐 誠士（1984）「流通近代化の政策と論理」岡村 明達・片桐 誠士・保田 芳昭編『現代日本の流通政策』大月書店
8) 佐々木 保幸（1996）「流通近代化政策と中小小売商業振興法」加藤 義忠・佐々木 保幸・真部 和義『小売商業政策の展開』同文舘
9) 佐々木 保幸（2013）「地域商業政策」岩永 忠康・佐々木 保幸編『現代の流通政策』五絃舎
10) 佐藤 肇（1974）『日本の流通機構』有斐閣
11) 白髭 武（1976）「流通システム化批判」森下 二次也監修『商業の経済理論』ミネルヴァ書房
12) 鈴木 武（1979）「流通政策の基本課題と論理構造」糸園 辰雄・加藤 義忠・小谷 正守・鈴木 武『現代商業の理論と政策』同文舘
13) 鈴木 武（1993）「流通政策の基盤と目標」鈴木 武編『現代の流通問題—政策と課題—』東洋経済新報社
14) 田村 正紀（1987）『日本型流通システム』千倉書房
15) 通商産業省企業局編（1968）『流通近代化の展望と課題』大蔵省印刷局
16) 通商産業省企業局編（1969）『流通活動のシステム化について』大蔵省印刷局
17) 通商産業省企業局編（1971）『流通システム化基本方針』大蔵省印刷局
18) 通商産業省産業政策局・中小企業庁編（1984）『80 年代の流通産業ビジョン』（財）通商産業調査会
19) 通商産業省商政課編（1989）『90 年代の流通ビジョン』（財）通商産業調査会
20) 通商産業省産業政策局・中小企業庁編（1995）『21 世紀に向けた流通ビジョン』通商産業調査会
21) 風呂 勉（1981）「流通システム化政策と競争政策と整合」日本商業学会『流通政策の諸問題』（1980 年度日本商業学会年報）

22）森下 二次也（1994）『現代の流通機構』世界思想社

23）渡辺 達朗 (2016)『現代流通政策—市場・政府・社会—（第4版)』中央経済社

第3編

世界の流通政策

第7章 | アジアの流通政策

第1節　中国の流通政策

本節の構成

1. 中国の流通政策の展開
2. 中国の流通近代化の特質と課題
3. 電子商取引の発展

---**本節のポイント**---

　本節では改革開放以降の中国の流通政策について，展開とそれに伴う流通近代化の特質を確認し，さらに現在急成長している電子商取引の実態と政策について，その萌芽・導入・転換期から今日の状況までを展望する。

○1. では，改革開放以降の中国の流通政策の展開について学習する。

○2. では，中国の流通近代化の特質と課題について学習する。

○3. では，中国電子商取引の実態と政策の動向について学習する。

1. 中国の流通政策の展開

(1) 経済改革の段階（1978～1991年）

　中国では，1970年代末までに，生産と消費が社会主義計画経済体制の枠内に組み込まれ，商業資本不在の「社会主義流通システム」が中国経済を支え続けた。この**「社会主義流通システム」**では，工業原材料・燃料・建築材料・機械・設備などの生産手段の大多数が商品と呼ばれず，「物資」として国の計画によって統一的に割り振られ，ユーザーに分配された「物資」の分配を管理するのは政府の商業部門ではなく，「物資」部門であった。また，日用工業品や農産物などの一般消費財についても，国は上から下へ命令として下達する「指令性計画」管理の方法を用いて，その生産・買付・販売・消費を統制した。

　一般消費財の供給に関しては，**配給切符制**が導入されたのである。当時の「社会主義流通システム」は閉鎖的なソ連型の流通システムを参照し，商業部，物資部と購入販売協同組合（供銷合作社）系統の支配下において，国営商店と購入販売協同組合が小売業というよりも「配給業者」として小売の役割を担い，国営の卸売企業と三段階に分けられる卸売ステーションが卸売の役割を果たしたのである。こうした状況のなかで，流通の存在とその役割さえも否定する「無流通論」が主張された（宋・顧・庄・衛 2005, p.380）。

　中国の流通業の改革は，まず硬直的な計画配給体制の打破から始まった。1992年までの流通業改革においては，農産物の自由化，流通市場への非国有経済の参入，経営請負制などの企業内部改革が採用された。その具体的な展開は，以下の通りである。

　第1に，国有流通企業に経営自主権が与えられ，企業は従来の部門別および地域別の行政的な枠組みを超えて，その活動範囲を自由に選択できるようになった。

　第2に，中央政府や地方政府の行政権限で定めた指令性価格による計画配分の一般消費財と物資の数が徐々に減らされた。

　第3に，中小規模の国有商店に対し，1984年以降集団所有への制度転換，店舗の賃貸や転売などの取組みが模索されたが，期待されるほどの成果は得ら

れなかった。1990 年代に入って，従業員が国有商店の経営を請け負う小売業
の改革が盛んに行われた。

　また，大規模流通企業に関しては，卸売小売兼業化，経営多角化，企業集
団化が模索され，国有から株式会社化への改革の実験もみられた（黄 2002，
pp.84-85)。

(2) 社会主義市場経済への転換（1992 ～ 2000 年）

　1992 年以降，中国の流通業はこれまでの対内改革から対外開放へと政策の
重点が移っていった。小売市場の本格的な対外開放は 1992 年から始まった。
1992 年 7 月，国務院（日本の内閣府に相当）は国家計画委員会などの 6 つの省
庁に示した通達のなかで「小売業の外資を利用する問題に関する解答」が取り
まとめられた。それによると，100％の外資による小売業への参入は禁止され
ていたものの，北京，上海，天津，広州，青島，大連の 6 都市と深圳，珠海，
汕頭，アモイ，海南の 5 つの経済特区において，外資との合弁または提携によっ
てそれぞれ 1 ～ 2 社の小売企業を試行的に設立することが可能となった。

　1995 年，国内貿易部（日本の省に相当）が「全国連鎖店経営発展計画」を公
表し，35 の都市においてチェーンストア経営を模索しはじめた。同計画によ
ると，中国は中国側の出資比率が 51％以上，かつ提携年数が 30 年以下であ
ることを条件とし，日米欧の外資によるレギュラー・チェーン形態のみのチェー
ンストア事業への参入を誘致しようとした。1999 年 6 月，中国では「外商投
資商業企業試点弁法」が実施された。その内容には，全国の直轄市や省都など
の主要都市を対象に，商業分野の対外開放の領域を小売から卸売へ拡大するこ
とが盛り込まれていた（松江 2005，pp.72-73)。

　1980 年代から 1990 年代までの中国の流通業は**政府主導の改革開放政策**に
よって，以下のような変化があった。

　その 1 は，流通業者の増加と流通チャネルの多様化である。20 年余の経済
成長を経て，中国の消費財の需給状況は供給不足から大多数の商品の供給過
剰に転じ，流通業の発展を推し進めた。流通業の改革が推進される中，国有
や集団所有の流通企業による市場支配が崩壊しつつ，私営，株式会社，外資

系といった所有形態の流通業者は急速に増加した。株式会社化の推進によって，2000年末までに73％の国有流通企業が株式会社に再編され，そのうち98社が上場した。個人経営商店は，1978年には約11万店にすぎなかったが，1999年に個人経営も含む各種の所有形態の店舗数は約2,114万店に上った（黄 2002, p.92-94）。

その2は，市場経済化の進展である。2001年末までに，消費財のなかで，96％の工業製品，94％の農産物と加工食品の販売価格は市場の需給状況によって定められた。また，市場秩序の整備に必要とされる流通政策が策定され，『不当競争反対に関する法律』，『チェーンストア経営管理規則』，『競売に関する法律』などが次々と実施された（松江 2005, pp.87-88）。

その3は，流通近代化の推進である。対外開放政策の実施に伴って，日本のヤオハンやイトーヨーカ堂などの海外の流通企業が続々と中国進出を果たした。海外の流通企業は中国市場に対し，先進的なオペレーションノウハウなどの移転を行い，活性化や合理化の取組みを促し，海外の小売業態を現地に導入した。同時期に多様な小売業態が導入されたことは，中国小売業の発展の特徴の1つであるとみられている（黄 2002, pp.101-104, 松江 2005, pp.93-94）。

(3) WTO（世界貿易機構）加盟後（2001〜）

2001年12月，中国はWTOに加盟した。WTO加盟に伴い，中国は外資に対し，①個々の品目の卸売や小売などに関する規制を段階的に撤廃すること，②事業の所在地に関する地理的な制限を3年以内に撤廃すること，③売場面積が2万 m² 以上を有する百貨店と30店舗以上を擁するチェーンストア事業を除き，49％以下という外資側の出資制限を撤廃することなど，WTO加盟議定書を通じて流通分野の段階的な開放を約束した。約束を履行するため，2002年3月，中国政府の各省庁は上記の項目を含む『外商投資産業指導目録』を作成し，同年4月に実行に移した。こうした規制緩和の進展に伴い，外資による中国市場への参入が一段と活発になった。とはいえ，流通業は他の産業分野に比べ，その開放度が低かった。2003年9月までに流通分野で実際に利用した外資が30億元であり，中国の利用した外資総額の0.6％にすぎなかった。

2003 年まで，外資系小売業が中国の小売業の売上総額に占める割合は 3.5%
未満であった(松江 2005, p.75, p.140)。また，2010 年以降の状況をみてみると，
2011 年から 2014 年に至って，外資系小売業の売上総額は 4,384 億 1 千万元
から 6,948 億 5 千万元へと増加したものの，全国小売業の売上総額に占める
割合が 2011 年 6.95%，2012 年 6.8%，2013 年 6.5%，2014 年 6.2%と年々
低下している。上記のデータから，中国における外資系小売業の地位が低いこ
とがわかる（柳 2016, p.53）。

2.　中国の流通近代化の特質と課題

　1990 年代以降の中国には，市場経済下の流通システムが整備されつつあっ
たとはいえ，大量生産・大量消費の状況に直面し，それに適応する流通システ
ムの一層の近代化が緊急かつ重要な課題となった。その具体的な展開について，
関根 孝は「中国における流通近代化のプロセスでは，市場経済化に伴う卸・小
売業における零細な個人商店の爆発的な増加と商業集積（自由市場）の発達，民
営企業の発展に伴うマーケティング・チャネルの形成，それとグローバル化の
なかで百貨店の進化，新たな営業形態（業態）の出現，近代的なチェーン経営
形態の導入によるイノベーション展開など様々な現象がみられている」と，論
じている。これらは一見，異なる複数の事象のようにみえるが，私的所有に基
づく売買の自由という形式的な枠組みを漸進的に構築したり，流通過程の基盤
を整備したりして，流通への国家の政策的な関与を行った結果だと考える（関根
2007, p.1）。

　中国では，国家主導で流通分野の改革開放が進められている一方，1956 年
までの産業分野の社会主義改造に取締りの対象とされた商業文化を復活させよ
うとしている。商務部（日本の省に相当）主導の「**中華老字号（中国老舗）**」を
認定するプロジェクトはその主な取組みの 1 つである。「中華老字号」とは
1956 年までに創出され，歴史が長く，世代を越えて伝承される製品，技芸，サー
ビスで，中国の伝統文化についての背景または関連性を深く有し，社会に広く
知られ，良好な信用度を築き上げたブランドである。2006 年 4 月，商務部は

「中華老字号」を中国流通の主体をなすものと位置付け，「『中華老字号』認定規範（試行案）」を公表し，「老字号」を振興するプロジェクトを実施し始めた。2006 年だけで申請件数は 967 件あり，そのうち認定件数は 434 件であった（柳 2016, p.51）。2017 年 2 月付けの商務部の報告によれば，これまでに認定された「中国老字号」は計 1,128 件で，その平均存続年数は 160 年余となっている（中国商務部 2017）。

　流通発展のプロセスを振り返ってみれば，中国は旧流通システムに対するリフォームよりも斬新な流通システムの模索という側面が強い。そのプロセスは漸進的ではあるが，中国政府は計画経済時代の流通システムを真っ向から否定し，国家主導で流通開放政策を策定し先進諸国の流通構造・流通行動・流通システムなどを学習・導入し，さらにその成果と，社会主義体制，国内の流通事情，伝統的な商業文化などと融合させ，中国の流通近代化として具現化しつつあった。

　1990 年代以降，中国では段階的に流通開放政策を実施し，あらゆる小売業態が流通外資とともに中国各地に展開しているが，中国的特色も強く残している。例えば，「通道費」もしくは「入場費」の横行はその典型的な事例である。中国の「**通道費**」もしくは「入場費」は基本的に欧米のスロッティング・アローワンス（slotting allowance）に類似するものとして定義されているが，その適応範囲が欧米に比べ大きく拡大され，小売企業がメーカーあるいは代理商に対し，恣意性と不透明性をもったまま多種多様な費用を要求する背景となっている（渡辺 2013, pp.26-27）。

　それだけではない。商務部の報告によると，中国の**実店舗型小売企業**の 2012 年における平均コストは 2011 年に比べ 8.3％も上昇した。業態別でみれば，スーパーマーケット，百貨店，専門店とコンビニエンスストアの平均コストはそれぞれ 11.8％，9.9％，12.8％と 17.2％の増加となった。また，『中国小売業界発展報告（2015/2016 年）』では，チェーンストア展開を行う実店舗型小売企業の上位 100 社について，2015 年に人件費が 4.2％，店舗賃料が 8.6％も上昇したと発表している（中国商務部流通発展司・中国連鎖経営協会 2013）。

　業者間の同質化現象も実店舗型小売業の低迷に拍車をかけている。消費者の

消費行動はしだいにブランド化，個性化と流行化へ移行しつつあるにもかかわらず，小売側の商品供給はこうした消費動向への対応が遅れている。小売業については，経営形式が単一化の傾向にあり，商品の同質化問題が特に目立っている。百貨店やショッピングセンターは未だに「売場貸し」や聯営制方式（売場経営形態の1つ）を採用し，品揃えの幅，深さおよび売場のデザインがよく似ており，PB 商品や業態間の差別化への取組みが緩やかで，ショッピングセンターのブランド同質化を算定するとすでに60％に達している。専門店といった小売業態も取扱商品の種類と消費者層が極めて同質的な状況となっている（中国商務部流通発展司・中国連鎖経営協会 2017）。

このように，中国の流通業界，とりわけ小売業界は小売業態の導入などで近代化に取組みながらも，取引慣行に更なる進化を阻まれ，業者間の同質化現象や店舗賃料，人件費の高騰に直面し，経営環境が悪化の一途を辿っている。こうした中で，中国政府は，中国経済における高度成長から「**新常態（ニューノーマル）**」[1]への移行を背景に，「**中国製造（メイドインチャイナ）2025**」や「**イ**ンターネット＋流通」などの政策を公表し，実施し始めた。2015 年 5 月に公表された「中国製造（メイドインチャイナ）2025」は，イノベーションを製造業の中核に位置付け，製造業のデジタル化，ネットワーク化，スマート化を促進し，イノベーションによる製造業の 2025 年までの発展を見据えた中長期政策である。

イノベーションを推進するにあたって，「インターネット＋」は情報技術を活用し社会の矛盾や課題の解決または緩和をはかり，消費生活のいっそうの合理化や効率化を求める具体策として注目されている。「インターネット＋」とは，「インターネットによるイノベーションの成果を経済社会の各領域と緊密に融合させ，技術進歩，効率の向上と組織の変革を推進し，実体経済のイノベーション力と生産性を向上させ，より広範にインターネットを設備基盤・イノベーションの要素とする経済社会の発展の新たなモデル」である。「インターネット＋」の本質はビッグデータやクラウドコンピューティングなどを通じて各業界の非効率性を分析し，企業の製品や流通チャネルなどに関する課題と可能性を見出

して，「物聯網（モノのインターネット）」のような情報技術によって従来型の各産業分野とその企業のモデルチェンジやグレードアップをはかり，社会全体のイノベーションを推し進めることである。中国国務院は 2016 年 4 月の閣議において，「『**インターネット＋流通**』への取組みは流通革命を推進することであり，大衆の起業・イノベーションを後押しして，新たな形態の経済発展をもたらすであろう」との見解を示した（柳 2017, p.18）。

　日本では，流通革命という用語は，アメリカのウォルター・ホービングの著書 *"Distribution Revolution"* を田島義博が 1962 年に翻訳したことに始まり，それに代わって流通近代化がよく使われるようになったのは 1970 年代に入ってからであるが，両者はほぼ同義的に用いられていた。そのほか，流通革新という用語も使われていた（田島 2004, p258-261, 関根 2008, p.2）。一方，近年の中国では，流通近代化と流通革命は同義ではなく，流通革命は流通近代化よりも高次レベルだとみられ，流通分野における情報通信ネットワークの活用がその特徴である。

3. 電子商取引の発展

　中国では，1994 年にインターネットへの直接接続が始まり，1999 年にはこれを利用した電子商取引が導入された。2016 年までの**電子商取引の発展**は 3 つの過程を経てなされた。

①萌芽期（1994 〜 1997 年）

　インターネットへの直接接続を機に，1995 年 5 月に，中国初の民営 ISP 企業「瀛海威（Yinghaiwei）」が誕生した。その後，ISP 企業が相次ぎ現れ，インターネットに関する知識の普及と利用環境の整備に向け一定の進展があった（謝 2004, pp.31-32）。

②電子商取引の導入期（1998 〜 2000 年）

　この時期には，インターネットを介した電子商取引の概念が導入され，積極的な実践が行われるようになった。同時に，ベンチャー投資ブームが現れ，ネット上のコンテンツの提供を中心とした ICP 企業が多く設立された。テン

セント社 (Shenzhen city Tencent computer system Co.Ltd) やアリババ社 (Alibaba Group Holding Limited) などを含め，現在の中堅以上の IT 関連企業の大半はこの時期に生まれた。この間，ベンチャービジネスとしてのネット通販サイトが続々と立ち上がり，その数は 1998 年の 530 から 2000 年の 1,500 に増えた。特に 2000 年は中国の電子商取引元年とされ，電子商取引に乗り出す企業が急増した（謝 2004, p.32）。

③電子商取引の転換期（2001 ～ 2016 年）

　この時期には，IT 業界全体は競争激化による再編・淘汰の時代に入った（謝 2004, p.32）。赤字を抱えた一部のネット通販企業が姿を消したが，政府の電子商取引に関する促進政策を背景に，テンセント社やアリババ社のような企業は新しいビジネスモデルを模索し，香港証券取引所やニューヨーク証券取引所といった海外の株式市場に上場するなど，飛躍的な発展を遂げた。

　アリババ社は 2003 年 10 月に「支付宝（Alipay）」を「インターネット＋金融」のサービス商品として市場導入し，2004 年に第三者保証機能をもつ電子商取引などの決済方法に進化させた。また，テンセント社は 2005 年に「支付宝（Alipay）」と同様な機能をもつ「財付通（Tenpay）の開発に着手し，2013 年には第三者保証付きのオンライン金融サービス，中国最大のソーシャル・ネットワーキング・サービスの「微信（WeChat）」上で「微信支付（WeChat pay）」業務を開始し，さらに 2014 年にインスタントメッセンジャーの「QQ」に「QQ 銭包（Mobile phone QQ Wallet）」を導入して，インターネット決済サービス市場に参入した。インターネット決済サービスの導入と発展は中国の電子商取引に一層の活力と大きな成長の可能性をもたらした（柳 2017, p.18）。

　中国では，中国移動（China Mobile），中国聯通（China Unicom）と中国電信（China Telecom）の情報通信大手 3 社に，2009 年 1 月に 3G（第 3 世代移動通信システム）の営業免許が与えられ，2013 年 1 月に 4 G（第 4 世代移動通信システム）のライセンスが発行された。3G と 4G の導入に伴い，インターネット・ユーザー，特にスマートフォンなどモバイルインターネットの利用者が年々増加している。中国の電子商取引の発展状況をみてみると，特に 2010 年以降

の売上高の伸びが著しい。2016年のインターネット通信販売の売上高は5兆1,556億元で，2010年の5,091億元に対し10倍も高く，2016年中国小売業売上総額29兆6,518億元の17.4％を占めている（廣田・大内・玉置2019, p.105, p.117）。

電子商取引の市場環境を整備するため，中国は2013年に電子商取引に関する立法作業に着手した。数年間にわたって検討を続けた結果，「中国電子商取引法」は2018年8月に成立し，2019年1月から施行された。同法によると，インターネットを活用して商品販売を行うすべての事業者は営業許可証を取得する必要があり，納税義務を果たさなければならない。また，商品販売を行う事業者とプラットフォーム事業者は，ネットワークの安全かつ安定的な運営，商品・サービスの安全と安心，消費者権益の保護，知的財産権の保護などについて責任を負わなければならない[2]。

2019年6月，中国工業と信息化部（日本の省に相当）は，中国電信，中国移動，中国聯通と中国国家新聞出版広電総局（China Broadcast Network）に5G（第5世代移動通信システム）のライセンスを交付した。今中国では，「Revolution in everyday goods by internet（インターネットによる日常の暮らしの革命）」の機運が高まっている。

注
1) 「新常態（ニューノーマル）」とは，成長率が低下しても質と効率の高い持続可能な発展を可能とさせる一連の政策を意味しており，2016年から始まる第13次五カ年計画に引き継がれる経済政策の中心テーマに位置付けられている（此本・松野・川嶋2016, p.10）。
2) 「中国電子商取引法」，中国商務部 www.mofcom.gov.cn/article/zt_dzswf, 2020年7月13日。

参考文献
1) 黄磷（2002）『WTO加盟後の中国市場』蒼蒼社
2) 此本臣吾・松野豊・川嶋一郎（2016）『2020年の中国「新常態」がもたらす変化と事業機会』東洋経済新報社
3) 商務部流通発展司・中国連鎖経営協会（2013）『中国零售業発展報告2013』

4)　商務部流通発展司・中国連鎖経営協会(2017)『中国零售業発展報告(2015/2016 年)』

5)　謝 憲文（2004）「中国における電子商取引の展開—BtoC 市場の現状と課題」名城論叢，4（4）

6)　謝 憲文（2008）『流通構造と流通政策（増補版）』同文舘

7)　関根 孝（2007）「中国における流通近代化：河北省唐山市のケース」専修大学商学研究所報，39（2）

8)　関根 孝（2008）「『流通近代化論』再考」専修商学論集，86

9)　宋 濤，顧 学栄，荘 次彭，衛 興華編（2005）『20 世紀中国学術大典：経済学』福建教育出版社

10)　田島 義博（2004）『歴史に学ぶ　流通の進化』日経事業出版センター

11)　中国商務部流通業発展司「1128 家中華老字号迎政策礼包」，http://www.mofcom. gov.cn/article/zhengcejd/bp/201702/20170202510956.shtml，2020 年 7 月 13 日

12)　廣田 章光・大内 秀二郎・玉置 了（2019）『デジタル社会のマーケティング』中央経済社

13)　松江 宏（2005）『現代中国の流通』同文舘

14)　渡辺 達朗（2013）『中国流通のダイナミズム—内需拡大期における内資系企業と外資系企業の競争』白桃書房

15)　柳 偉達（2016）「中国の流通近代化に関する一考察」近畿大学短大論集，49（1）

16)　柳 偉達（2017）「マーケティングとイノベーションに関する一考察」近畿大学短大論集，50（1）

第2節　韓国の流通政策

本節の構成

1. 韓国における流通政策の変遷
2. 韓国における流通政策の現状
3. 課題と展望

本節のポイント

　本節では，韓国の流通政策について，現在までの流通政策の変遷，現在の関連法と対応を学習する。ここでは，流通政策を流通政策全般と農産物流通に分けてみていくが，流通政策全般では流通産業発展法，農産物流通政策では農安法を中心に学習する。

　○ 1. では，韓国の流通政策が時代別にどのように変遷してきたかを学習する。

　○ 2. では，韓国の流通政策に関連する法律と対応を学習する。

　○ 3. では，韓国の流通政策の課題と今後の展望について考える。

1.　韓国における流通政策の変遷

　韓国の流通政策は近代化以前（法制定以前・朝鮮時代〜1950年以前，近代化萌芽期・1951年〜1961年），近代化期（1962年〜1997年），流通市場開放期（第4段階：1997年〜2009年），流通産業成熟期（第5段階：2010年以後）の四期に分けられる（尹ミョンギル・金ユオ 2017, p.67）。

　ここでは，近代化期以降の動向を概観する。1961年に制定された市場法は，市場の適切な運営による商業の発達を目的とした法律である。同法は1981年の改正時に，市場の効率的な発展と健全な商業活動の保証へと法の目的が変更された。商業に関連する法律であるが，「市場」に重点をおいたものとなっていた。

　1980年には，当時に存在していた10余りの流通関連法の相互間の統合と調整機能等を目的として，流通産業近代化促進法が制定された（尹ミョンギル・金ユオ 2017, p.68）。同法は，1995年には法律の所管部署の変更に伴い，流通産業合理化促進法へと名称変更された。

　1986年には**卸・小売業振興法**が制定されたことに伴い市場法が廃止された。卸・小売業振興法は卸・小売業を対象とした法律としては韓国初である。同法は1991年と1995年に改正された。

　1991年の改正は，卸・小売業者間の競争基盤の造成，訪問販売など販売形態の多様化を踏まえて実施された。主要内容は大規模小売店の施設基準および売場面積基準など，訪問販売に対するクーリングオフ制度の導入などであった。

　1995年の改正は，1996年の流通市場の完全開放[1]に備えて実施された。主要内容は卸・小売業に対する規制緩和，円滑な物流活動の支援，物価安定などである。（田村 2010, pp.20-21）。

　このように，近代化期は市場法に始まり，流通産業近代化促進法，卸・小売業振興法などのもとで流通政策が進められてきた。このうち，市場法は生活物資の確保や物価安定など市場に重点を置いていたが，流通産業近代化促進法，卸・小売業振興法は流通産業に関わるものであった。つまり，韓国における流

表 7-1　韓国における流通政策と関連法の変遷

区分		年代	関連法，制度
近代化以前	法制定以前	李氏朝鮮時代〜 1950 年以前	物商客主（李氏朝鮮時代），米穀商中継および食糧統制（日本の植民地時代），市場規則（1914 年制定）
	近代化萌芽期	1951 年〜1961 年	中央卸売市場法
近代化期		1962 年〜1997 年	市場法，流通産業近代化促進法，卸・小売業振興法
流通市場開放期		1997 年〜2009 年	流通産業発展法
流通産業成熟期		2010 年以後	大中小企業相生協力促進に関する法律，小商工業者のための小商工業者支援及び保護法，都市型小工業者支援に関する法律

出所：尹ミョンギル・金ユオ（2017），p.67 を一部改編

通関連法は 1980 年代に入ってから本格的に整備されていったのである（崔 相鐵・柳 到亨 2014, p.29）。

　その後，1993 年の**大型マート**の登場，1996 年の流通市場完全開放に伴う外資参入により，流通環境は大きく変化していった[2]。近代化期の流通政策に重要な役割を果たしてきた流通産業近代化促進法，卸・小売業振興法は 1997 年の流通産業発展法の制定に伴い廃止された。

　現在の韓国における流通関連法は表 7-2 に示す通りである。このうち，流通政策に大きくかかわるのが**「流通産業発展法」**である。また，農水産物など食料流通については，**「農水産物流通及び価格安定に関する法律」**（以下，農安法とする）が大きく関わっている。以下においては，この二法を中心にみていく。

2.　韓国における流通政策の現状

（1）流通政策全般

　韓国の流通政策全般に関わる法律としては，流通産業発展法がある。これに加えて，「伝統市場及び商店街育成のための特別法」など様々な法律がある[3]。ここでは，流通産業発展法，同法に基づき策定される**「流通産業発展基本計画」**

表 7-2　韓国における流通関連法

区分	分野別	関連する法律など
商流	公正な競争の誘導	流通産業発展法，農安法，商標法，不正競争防止法
	消費者保護	消費者基本法，製造物責任法（PL 法），約款規制に関する法律，割賦販売に関する法律，訪問販売等に関する法律
	商品特性関連	食品衛生法，薬事法，糧穀管理法，農安法，農水産物流通公社法，タバコ事業法，人参産業法，韓国タバコ人参公社法など
	均衡のとれた発展	流通産業発展法，農安法，中小企業基本法，中小企業創業支援法，伝統市場及び商店街育成のための特別法，大中小企業相生協力促進に関する特別法，小商工業者のための小商工業者支援及び保護法など
物流	物流造成	流通産業発展法，貨物流通促進法，農安法
	物流拠点	流通産業発展法，貨物流通促進法，農安法，流通団地開発促進法，社会間接資本に対する民間資本誘致促進法
	個別物流関連	物流関係を基礎として運送に関する法規，保管・包装・荷役に関する法規及び流通情報等に関する法規

出所：ヂミョンギル・金ユオ（2017），p.64 を一部改編。

をみていく。

1）流通産業発展法

　流通産業発展法は 1997 年 4 月 10 日に制定され，同年の 7 月 1 日から施行された。同法の目的は，流通産業の効率的な振興と均衡のとれた発展，健全な商取引秩序を確立，消費者の保護，国民経済の発展がある。

　同法は，第 1 章　総則（第 1 条～第 4 条），第 2 章　流通産業発展計画等（第 5 条～第 7 条），第 3 章　大規模店舗等（第 8 条～第 14 条），第 4 章　流通産業の競争力強化（第 15 条～第 20 条），第 5 章　流通産業発展基盤の造成（第 21 条～第 25 条），第 6 章　流通機能の効率化（第 26 条～第 35 条），第 7 条　商取引秩序の確立（第 36 条～第 43 条），第 8 章　補則（第 44 条～第 48 条），第 9 条　罰則（第 49 条～第 52 条），附則からなる。

　同法第 3 条に，流通産業施策の基本方向が示されている。施策の基本方向には，①流通構造の先進化と流通機能の効率化促進，②流通産業における消費者便益の増進，③流通産業における地域別の均衡のとれた発展，④流通産業の種類別の均衡のとれた発展，⑤中小流通企業の構造改善と競争力の強化，⑥流

通産業の国際競争力の向上，⑦流通産業における健全な商取引秩序の確立と公正な競争条件の造成，⑧その他，流通産業の発展を促進するために必要な事項が掲げられている。

　また，同法第2条に大規模店舗の定義がある。1カ所または数カ所に分かれて設置されていること，常設されていることなどの要件があるが，売場面積ではその合計が3，000㎡以上とされ，これら全てを満たす店舗が大規模店舗とされる。また，業態別には，大型マート[4]，専門店，百貨店，ショッピングセンター，複合ショッピングモール，その他の大規模店舗がある（流通産業発展法別表，pp.1-2）。

　同法は1997年の制定以降数回の改正が行われている。大きな改正が，2012年1月の改正である。ここで「大規模店舗等に対する営業時間の制限等」（第12条の2）[5]が新設され，大型マートや**企業型スーパー**などへの規制が強化された。

　この背景には，大型マートを運営する小売企業による新業態（企業型スーパー）の展開がある。大型マートが飽和状態になるなかで，それまで進出できなかった地域（住宅街など）へ新業態で進出し，進出先の地域の小売業との対立が深まったことなどがある。

　規制が強化された結果，大型マートや企業型スーパーのような大型店や準大規模店舗は月2回の休業が義務化された。2020年現在は，多くの店舗が毎月第2週・第4週の日曜日に休業している。

2）韓国における流通政策の課題：第5次　流通産業発展基本計画

　流通産業発展法に基づき，「流通産業発展基本計画」が策定されるが，現在までに第1次計画（1999年～2003年），第2次計画（2004年～2008年），第3次計画（2009年～2013年），第4次計画（2014年～2018年）が策定・実施されてきた。現在は第5次計画（2019年～2023年）に基づき政策が進められている。

　この間の政策実績として，第1次・第2次計画の時期は，流通構造の正常化，流通生産性の向上，地方の流通業の活性化といった流通市場の開放以降の量的な成長を中心に政策が進められてきた（産業通商資源部 2019，p.9）。その結果，

大型店の成長，流通企業の成長，流通業におけるデジタル化などが進んだ。その一方で，小売企業と在来市場の間の対立などが引き起こされることにもなった。

　第 3 次・第 4 次の計画では，大規模・中規模・小規模流通業者間の対立を解消するための「**相生**」[6] のための施策が進められた。そのなかで，伝統商業保存区域の大規模店舗出店制限（2010 年）や大規模店舗及び準大規模店舗[7] に対する営業時間制限（2012 年）などの制度が導入された（産業通商資源部 2019, p.9）。

　こうした状況を踏まえ，第 5 次計画は中小流通業の競争力向上に重点を置いたものとなっている（産業通商資源部 2019, p.1）。

　第 5 次計画の政策目標は「相生と革新を通した流通産業主導の国家競争力の向上」であり，政策方向は①相生協力の強化，②流通環境の変化への対応，③中小流通業の競争力強化，④流通発展基盤の強化という 4 点が提示されている。①の相生協力とは大規模・中規模・小規模流通業の間の相生・協力を意味している。以下においては，中小流通業に関わる①と③に関わる内容を中心にみていくことにする。

　まず，①の相生協力の強化である。これに関連する主要戦略として「コルモク[8] 商圏の保護」，「大中小協力体制の強化」がある。「**コルモク商圏**」の保護については，流通産業発展法の改正により，大規模店舗等の立地や営業の制限を行うことがある。加えて，商圏の影響分析の強化や地域協力の実効性を高めることがあるが，これは既存の商圏影響評価書の内容変更がある。次に，「大中小協力体制の強化」については，既存の流通業相生発展協議会[9] の改善がある。

　次に，③の中小流通業の競争力強化である。主要戦略に「流通小商工業者の協業活性化」，「小商工業者の成長力の向上」がある（産業通商資源部 2019, pp.17-18）。

　前者は，中小流通業の協同組合の活性化，地域の小売店の協業事業の活性化である。中小流通業の協同組合の活性化とは，中小流通業者で構成される小商工業者協同組合を大規模化し，競争力を向上させるのである。そのうえで，規

模化の水準に応じて支援を行うというものである。地域の小売店の協業事業の活性化とは，物流センターを保有するスーパーの組合を中心に地域の小規模スーパーを同一ブランドでチェーン化するものである。

後者は，伝統市場や商圏の活性化，O2O やオンラインポータルの相生協力，費用負担の緩和などがある（産業通商資源部 2019, pp.17-18）。このうちの伝統市場や商圏の活性化では，自営業が密集した都心の商圏を革新拠点として育成することが打ち出されている。また，伝統市場については，駐車場の普及率を100％にして商圏の活性化を図ることが掲げられている。

(2) 農産物流通政策

1）韓国の農産物流通政策

農産物流通においては，さまざまな法律や制度が関わっている。取引秩序の維持など，先述の内容とも共通するが，食料品独自の問題として標準規格化，品質管理なども大きく関わる（金 東完 2019, p.387）。

韓国の農産物流通政策に関する内容として，①ローカルフードの消費体系拡散及び流通構造の改善，②農産物の需給及び価格安定，③農産物の安全管理の強化，④国民の食品に関する福祉向上及び健全な食生活の拡散，⑤園芸産業の競争力向上，⑥畜産物の安全管理がある（農林畜産食品部分野別政策：流通分野）。

このように，農産物流通政策に関する法律や内容は多岐にわたっている。特に重要となるのが，円滑な流通の維持である。これについて重要な役割を果たしているのが，農安法である。以下においては，農安法を中心にみていくことにする。

2）韓国における農産物流通政策の変遷と農安法

韓国で最初に制定された農産物流通関連の法律は 1951 年 6 月 22 日に制定された「中央卸売市場法」である（金 東完 2019, p.390）。この中央卸売市場法は，日本の植民地時代に適用されていた中央卸売市場法を踏襲したものであった（甲斐 1995, pp.188-189）。

同法の制定理由をみると，「地方公共団体が卸売市場を開設し，都市に居住する人々への食料品の需給を円滑にし，価格の適正化等に寄与するものである」

（法制処　制定理由）とある。この法律のもとで，卸売市場が整備されていった。

　1973 年 2 月 6 日には中央卸売市場法が廃止され，「農水産物卸売市場法」が制定・公布された。この背景には，それまで商工部長官が所管していた卸売市場業務を農林部長官へと移管したことがある。これにより，主に農産物を扱う**卸売市場**，農協や水協が開設する共販場に対する監督が一元化された。これは，両者の非合理的な競争を防ぐことを目的としていた。

　この後，1976 年 12 月 31 日には「農水産物卸売市場法」と「農水産物価格安定基金法」が統合される形で**農安法**が制定・公布された。農安法の制定理由には，農産物流通の円滑化，適正価格の維持，生産者と消費者の利益の保護など掲げられていた。

　同法は，第 1 章　総則（第 1 条〜第 3 条），第 2 章　農水産物の生産調整及び出荷調整（第 4 条〜第 16 条），第 3 章　農水産物卸売市場（第 17 条〜第 42 条），第 4 章　農水産物共販場及び民営農産物卸売市場等（第 43 条〜第 53 条），第 5 章　農産物価格安定基金（第 54 条〜第 61 条），第 6 章　農水産物流通機構の整備（第 62 条〜第 78 条），第 7 章　補則（第 79 条〜第 85 条），第 8 章　罰則（第 86 条〜第 91 条），附則で構成される。

　韓国の農産物流通政策は 1990 年代から本格的に推進されてきた（金 完培・金 ソンフン 2020, p.264）とあるように，1993 年のウルグアイラウンドの交渉妥結，1994 年の「**農安法騒動**」[10]，1996 年の流通市場完全開放のように農産物流通を巡る環境も大きく変化した。特に，農産物流通に関連して社会的な関心事となったのが，1994 年の「農安法騒動」である。

　農産物流通を取巻く環境の変化を受け，政府レベルでの流通改革が進められていった。1994 年 9 月の第 1 次流通改革対策を契機として，第 2 次流通改革対策（1997 年 3 月），第 3 次流通改革対策（1998 年 6 月）が進められていった。2000 年代以後は，農業・農村総合対策（2004 年〜2009 年），農産物需給安定及び流通構造改善対策（2011 年 1 月），農産物流通改善総合対策（2013 年 5 月）という形で進められていった。

　1990 年代以降の政策の変遷は表 7-3 に示すが，政策の方向は生産者中心か

ら消費者の参加を誘導するほか，公正性から効率性の重視，政府主導から民間との協力強化へと転換していることがうかがえる。

表 7-3　農産物流通政策の方向の比較と要約

分野	従前の政府（金泳三〜李明博）	朴槿恵政権
直取引	■生産者重視，販売中心の直取引の場等に集中 ■単独，散発的に推進	■消費者参加の誘導，ローカルフード共同体支援農業等に接目 ■ビジネスモデル化で長期，常設化
卸売市場	■公営卸売市場（33 カ所）の建設（1979〜2008 年）完了により農家の出荷権を保障 ■公正性，透明性確保のために規制重視の管理及び電子セリ重視の取引制度の完成	■流通主体に対する規制緩和 ■施設近代化，パレット単位の最小出荷単位の設定 ■価格振幅緩和のための定価・随意取引の拡大
産地組織化	■産地流通施設の拡充 ■共同マーケティング主体の育成	■卸売流通施設の拡充を並行 ■生産者団体を通した流通系列化
需給安定	■観測，契約栽培，流通協約・命令，自助金の導入 ■白菜騒動（2011 年 10 月）を契機とした政府の役割を強化	■利害関係者の参加及び疎通強化，需給管理の体系化

出所：関係部署合同（2013），p.28 を一部改編

3.　課題と展望

　韓国の流通政策は流通産業の近代化が進められる中で，大型マートを運営する企業が登場し，大型マートを展開する小売企業は中小商業者，在来市場に大きな影響を及ぼしてきた。その過程では，小売企業と中小商業者の対立が深刻化してきた。政策においても両者の共存と中小流通業の振興が重要な課題となってきた。

　そのなかでは，大型店等の営業時間の規制などの政策が取られたが，法律が目的とする大規模店舗と中小流通業の共生と発展とは異なり，消費者の買物の機会を喪失させることになるなど，新たな問題も引き起こすこととなった。

　一方，農産物流通政策において，農安法は重要な役割を果たしている。1994 年の農安法騒動は，その後の農産物流通政策の展開に大きな影響を与えた。政権が変化するなかで，政策も政府主導から民間との協力強化，生産者重視から消費者参加型へと変化していった。韓国国内においては，消費者の食料

品の安全性に対する関心が高まっているが，そうしたなかで，農産物流通政策においても安全性確保や消費・消費者に関わる政策対応が重要な課題となっていくといえる。

　こうした流通政策の変化は消費者の生活にも影響を及ぼした。今後は，大企業と中小企業，小売企業と在来市場といった利害関係者間の調整と共生・発展に加えて，消費者の利益増進が重要な政策課題になっていくといえよう。

注

1) 韓国における流通市場の開放は1989年から1996年まで4段階を経て進められた。第1段階は1989年，第2段階は1991年，第3段階は1993年である。そして，1996年の第4段階で完全開放された。詳細は，深川（1997）のpp.240-243を参照のこと。
2) 韓国の流通に関する日本語の文献としては，大久保　孝（1992），関根・オ（2002）がある。このほかに，柳（2016），駒木（2017），田村（2017）などがある。
3) 韓国における中小小売商業の振興政策は柳（2016）が詳しい。詳細は，柳（2016）のpp.79-81を参照のこと。
4) 大型マートの定義をみると，売場面積の合計が3,000㎡以上の店舗の集団，食品・家電及び生活用品を中心にセルフサービスで消費者に小売をする店舗の集団となっている（流通産業発展法別表，p.1）。
5) このなかに「義務休務日の指定」がある。2012年の改正時は，営業時間の制限（午前0時から午前8時まで），義務休業日の指定（毎月1日以上2日以内）であったが，2013年の改正で前者は午前8時から午前10時への拡大し，後者は公休日を含む毎月2日となった。これらは地方自治体の条例に基づいて指定される。なお，義務休業日の指定は，利害関係者の合意があれば公休日以外の日にも指定できることから，企業側も全地域一律で指定ではなく，地域により休業日を調整している。
6) 韓国の国語辞書による「相生」の意味は「二人以上の者が互いに励ましあって，共にしっかりと生きていくこと」（ネイバー国語辞書）とある。日本語の「共生」と同意である。本節では原語の通り，「相生」を使用した。
7) 流通産業発展法の第2条に「準大規模店舗」の定義があるが，企業型スーパーを対象としたものとなっている。
8) コルモク（韓国語では골목）とは，路地などを意味する。コルモク商圏というと，その地域の小規模な小売業により形成される小さな商圏であることを意味する。
9) 大規模店舗や準大規模店舗と地域の中小流通業のバランスの取れた発展を協議するために，特別自治市長，市長，郡守，区庁長の所属としておかれる組織である（流通産業発展法・第7条の5）。

10)「農安法騒動」とは，仲卸業者が集団的にセリに参加しないという遵法ストを行ったことで，卸売市場の機能がマヒした事件を指す。詳細は，韓国農村経済研究院（2019）の p.587 を参照のこと。

参考文献

1) 大久保 孝（1992）『韓国の流通産業―1993 年の流通資本自由化にどう対応するか―』産能大学出版部

2) 甲斐 諭（1995）「卸売市場近代化の課題―韓国における閉鎖的流通システムの改革―」小林 康平・甲斐 諭・諸岡 慶昇・福井 清一・浅見 淳之・菅沼 圭輔『変貌する農産物流通システム』農山漁村文化協会

3) 駒木 伸比古（2017）「韓国における大型店の立地動向―出店規制に注目して―」『地理空間』Vol.10-3，地理空間学会

4) 関根 孝・オ セジョ（2003）『日韓小売業の新展開』千倉書房

5) 田村 善弘（2010）「韓国における流通政策の変遷と今後の展望」『Coastal Bio-environmnet』Vol.15，佐賀大学海浜台地生物環境研究センター

6) 田村 善弘（2017）「韓国の小売商業」岩永忠康監修，片山 富弘・西島 博樹・宮崎 卓朗・柳 純編『アジアと欧米の小売商業』五絃舎

7) 崔 相鐵・柳 到亨（2014）「韓国における流通政策の展開と伝統的商業集積の問題性」『流通研究』第 17 巻第 2 号，日本商業学会

8) 深川 由起子（1997）『韓国・先進国経済論―成熟過程のミクロ分析』日本経済新聞社

9) 柳 到亨（2016）「韓国における小売競争構造の変化と流通政策の課題」『経済理論』383 号，和歌山大学経済学会

10) 関係部署合同（2013）『農産物流通構造改善総合対策』（韓国語）

11) 韓国農村経済研究院（2019）『農業・農村 100 年』韓国農村経済研究院

12) 金 東完（2019）『食品流通論』学現社（韓国語）

13) 金 完培・金 ソンフン（2020）『農食品流通論（第 2 版）』博英社（韓国語）

14) 産業通商資源部（2019）『流通産業相生及び革新政策方向―2019 〜 2023 流通産業発展基本計画―』（韓国語）

15) 尹 ミョンギル・金 ユオ（2017）『流通学原論（改訂版）』トゥナム（韓国語）

16) ネイバー国語辞書「相生」(https://ko.dict.naver.com/, 2020 年 7 月 28 日アクセス)

17) 農林畜産食品部「分野別政策：流通分野」(https://www.mafra.go.kr/mafra/1273/subview.do)（韓国語）

18) 法制処（http://www.moleg.go.kr）（韓国語）

19) 流通産業発展法別表「大規模店舗の種類（第 2 条第 3 号関連）」(http://www.law.go.kr/)（韓国語）

第8章

ヨーロッパの流通政策

第1節　フランスの流通政策

本節の構成
1. フランス流通政策の概観
2. アリュー法
3. 反アマゾン法
4. 食品廃棄禁止法

> **本節のポイント**
>
> 　本章では，資本主義の発達したヨーロッパ2国の流通政策をとりあげる。欧米の流通政策ついては第9章でも解説されるが，そこでは流通政策を2つの型に区分し，その観点に限定して説明している。本章では，フランスとイギリスの流通政策について社会的な観点を含めて幅広く，かつ最新の施策を解説する。本章を通じて，社会経済的な枠組みから多様な流通政策のあり方を理解する。
>
> ○ 1. では，流通政策の社会的側面について概説する。
> ○ 2. では，大型店の新業態展開に対して，都市環境の面から規制するアリュー法についてみていく。
> ○ 3. では，近年成長著しい書籍のインターネット販売の状況と販売企業に対して「文化」の面から規制する政策を解説する。
> ○ 4. では，食品ロスないし食品廃棄の問題に対するフランスの政策を説明する。

1. フランス流通政策の概観

本書を通して説明されているが，流通政策には大規模小売業と中小零細小売業の事業活動を調整する流通調整政策（小売商業調整政策）や中小零細小売業の振興を図る流通振興政策，独占禁止政策を中心とした流通競争政策が含まれる。これらは，経済政策で設定される目標を流通分野で実現するものである。

これに対して，都市や地域およびそこでの人々の生活と密接にかかわる流通のあり方を考慮すると，流通政策には都市・地域政策，環境政策，消費者保護政策，労働政策等との連動が生じるようになる。いわば，社会政策的な流通政策の体系が経済政策的な流通政策と併存するのである。

このように，流通政策は経済政策の枠内で講じられるものから，非経済政策的な範疇に属するものまで幅広い内容を包含しているのである。資本主義の発達した国では，前者を中心としながら，後者にも目を向けた政策が遂行されている。フランスは，流通政策に対して経済政策からの接近と社会政策からの接近をそれぞれ重視した独自の政策体系を有している。経済政策的な流通政策，なかでも流通調整政策については第9章で詳述しているので，本節では主にフランスの社会政策的な流通政策について概説していく。

2. アリュー法

まず，大手流通企業が展開している「**ドライヴ**」（Drive）という小売形態に対する公的規制についてみていこう。ドライヴはインターネット等を通じて注文した商品を，自家用車でハイパーマーケット（hypermarché）の駐車場等に設置された専用のスペースで受け取る小売施設である。第9章で解説するように，フランスでは1960年代以降ハイパーマーケットと呼ばれる大型の郊外型量販店業態が急成長した。以後，フランスではこのハイパーマーケットを中核業態とする小売企業が発展し，**巨大流通企業グループ**を形成するようになる。

大手流通企業は，2000年代以降，フランス消費者の購買行動の変化やそれに基づく大型のハイパーマーケットの成長鈍化を背景に，都心型の小型店舗や

中型店舗の出店に注力した。さらに，インターネット販売の拡大に対応するために，大手流通企業はインターネット通信販売を手掛けるとともに，ドライヴの開発や出店を進めたのであった。

　ドライヴの成長性は非常に高く，2015年8月末時点で，ハイパーマーケットとスーパーマーケットを合わせた成長率は1％にも満たず，またコンビニエンスストアタイプの小型店舗のそれが8％台であるのに対して，ドライヴの成長率は約19％と試算されていた（LSA，2015年9月3日付）。ドライヴの増加によって小売競争が激化したのみならず，ドライヴは自動車の通行量の増加を招くので，その立地場所によっては，近隣住民の住環境の悪化が指摘されるようになった。

　このようなドライヴの急伸長に対して，2014年に**アリュー法**（住居を有する権利と新しい都市計画に関する2014年3月24日の法律第2014-366号，Loi ALUR）が定められ，一定の規制が実施されるようになった。ドライヴは既存ハイパーマーケット等の付帯施設として扱われていたため，その「出店」には，第9章で取り上げるような流通調整政策が適用されなかった。同法は，主要都市における家賃の上限やアパート等を宿泊施設として使用する「民泊問題」への対応を盛り込んでいるが，ドライヴに対しては以下のような対応を打ち出した（佐々木2017を参照）。

　ドライヴは公的には単独の小売店舗ではなく，店舗の倉庫のような扱いであったため，第9章で述べる出店規制の枠外に置かれていた。同法は，そのようなドライヴの「売り場面積の不在」問題に対して，顧客が商品を受け取る固定スペースの開設や拡張に対して，CDAC（Commission départementale d'aménagement commercial，県商業施設委員会）による事前の商業開発許可の交付を義務づけるようにしたのである。つまり，ドライヴという商業施設において，利用者が商品を受け取るスペースを従来の「倉庫扱い」から，商業上の「販売スペース」へと，その取り扱いを変更したのである。

158

3. 反アマゾン法

つづいて，アマゾン等インターネット販売の伸張に対するフランスの対応を解説する。フランスでは，2014 年 7 月 8 日制定に通称「**反アマゾン法**」(Loi Anti-Amazon) が制定された。本法は，その正式名称の前半に示されるように，書籍の通信販売に関する条件を定めるものである（本項は佐々木 2019 を参照）。

フランスにおける書籍市場は，2010 年代に入って縮小傾向をたどるようになった。書籍販売額は 2010 年に約 27 億ユーロを計上するが，その後低下傾向をとり 2013 年以降 25 億ユーロ台で推移していた。次に，この縮小傾向にある書籍市場において，2000 年代とりわけ 2010 年代以降，大規模小売業者を中心とした支配構造が構築された点を確認する。表 8-1 に示されるように，2000 年段階では，インターネット販売の市場シェアはみられず（2002 年にはわずか 2.2％であった），通信販売等と一般書店のシェアが 20％を超え，フナック (Fnac) 等の大型専門量販店とカルフール (Carrefour) に代表されるハイパーマーケットを中心とした大型非専門量販店がそれに続く構造であったが，その

表 8-1　書籍販売における市場占有率の推移

	一般書店	大型専門量販店	大型非専門量販店	通信販売等	インターネット販売
2000	20.8	17.2	17.8	24.1	-
2005	19.3	21.7	20.7	16.7	5.4
2010	17.6	22.3	19.1	13.2	13.1
2012	18.5	22.5	19.5	15.0	17.0
2013	18.0	22.0	19.5	15.0	18.0
2014	18.5	22.0	19.5	14.5	18.5
2015	18.5	24.0	19.5	12.0	19.0
2016	18.5	24.5	19.0	11.0	19.5
2017	22.0	24.5	19.0	11.0	19.5

（注）合計は 100 にならない。

出所：Ministère de la Culture et de la Communication, *Le Secteur du livre:chiffres clés* 各年版より作成

後，書籍販売における構造変化が進行していく。2005 年には一般書店のシェアが 20％を下回り，かわって大型専門・非専門量販店が 20％を超えるようになった。

　また，この時期からインターネット販売シェアが増大し，2010 年代半ばには，大型専門量販店のシェアが 25％近くを占め，大型非専門量販店とインターネット販売のシェアがそれぞれ 20％近くに及ぶようになった（フナックもインターネット販売を強化している）。

　以上が，2010 年代のフランス書籍市場の動向であるが，アマゾンは次のような販売戦略を採用し，急速にその地位を高めていった。その戦略とは，第 1 に書籍販売に適用する無料配送サービスであり，第 2 に書籍販売価格の 5％引きである。アマゾンはこれらを同時に適用することを販売戦略の核に据えた。このような販売方法は，大型専門量販店であるフナックも導入している。

　フランスでは，1981 年に制定された書籍の販売価格に関する**ラング法**（書籍の価格に関する 1981 年 8 月 10 日の法律）によって，販売店（書店，専門量販店，大型店）は，多様な価格で書籍を販売してはならないが，最大 5％までの値引き（出版社が設定する価格の 95％〜 100％での販売）が認められている。同法に照らし合わせ，アマゾン等の実施する無料配送サービスが書籍販売価格の 5％以上引きに相当すると問題視された。

　以上のような状況をふまえて，アマゾン等の販売手法はフランスにおいて公正な競争を歪めるものであり，これを是正する必要が唱えられ，かつ衰退傾向にある一般書店（ある程度規模の大きな既存独立書店を含む）に対する公的政策を拡充することが求められるようになった。すなわち，アマゾン等に対する規制は競争政策上の観点と商業調整の観点から必要とされたのである。

　またフランスでは，書籍を単なる商品として扱うのではなく，それを文化的な財としてとらえる雰囲気が醸成されている。実際，文化・教育委員会（la commission des affaires culturelles et de l'éducation）の審議においては，書籍は文化的商品であり，単なる商品とは異なり，一般書店はその文化的な商品の流通を担う重要な存在であると位置づけられた。

　反アマゾン法はラング法の補完的位置におかれ，書籍が購入者に配送され，書籍小売販売業内において引き渡されない場合，販売価格は出版社あるいは輸入業者によって固定されると規定している。小売業者は無料配送の提供を除いて，配送サービス料に商品価格の最大5％の割引をすることができる。また，同法の全ての条項は，印刷物およびデジタル形態の書籍出版に対して適用される。

4.　食品廃棄禁止法

　最後になるが，2016年2月には，フランス小売業とりわけハイパーマーケット等大型店にかかわる新たな法律が制定された。それは，**食品廃棄禁止法**（食品の浪費に対抗する2016年2月11日の法律第2016-138号）である。この法律は，いわゆる「食品ロス」問題に対応するもので，延べ床面積400㎡以上の大型店を対象に，売れ残り食品の廃棄を禁止し，生活困窮者に配給を行う組織への寄付を義務づけ，違反した場合3,750ユーロの罰金を科す（LSA，2016年2月4日付）。

　以上のように，フランスでは大規模小売業の事業活動に対して，社会政策的な観点から接近する多様な流通政策が展開されているのである。

参考文献

1)　加藤 義忠・佐々木 保幸・真部 和義（2006）『小売商業政策の展開』［改訂版］同文舘出版

2)　佐々木 保幸（2011）『現代フランスの小売商業政策と商業構造』同文舘出版

3)　佐々木 保幸（2017）「フランスの小売商業」岩永忠康監修，片山 富弘・西島 博樹・宮崎 卓朗・柳 純編『アジアと欧米の小売商業』五絃舎

4)　佐々木 保幸（2019）「アマゾンにみる流通分野の新展開と『反アマゾン法』」小栗 崇資・夏目 啓二編『多国籍企業・グローバル企業と日本経済』新日本出版社

5)　白石 善章・田中 道雄・栗田 真樹編（2003）『現代フランスの流通と社会』ミネルヴァ書房，2003年

6)　田中 道雄（2007）『フランスの流通』中央経済社

7)　田中 道雄・白石 善章・相原 修編（2010）『フランスの流通・都市・文化』中央経

　済社
8）田中 道雄・白石 善章・相原 修編（2015）『フランスの流通・政策・企業活動』中
　央経済社

第2節 イギリスの流通政策

本節の構成
1. イギリスの都市構造と中心市街地
2. イギリスの小売商業政策と都市計画制度
3. タウンセンターファースト政策

┌─**本節のポイント**─┐

　本節は，イギリスにおける小売商業の立地政策をとりあげる。イギリスでは小売商業の立地を直接規制する法制度がなく，小売商業政策は都市政策の一環として位置づけられる。その基本理念は，新規の小売開発は既存のセンターを優先するというタウンセンターファーストという考え方にある。

○1. では，イギリスの基本的な都市構造と中心市街地（センター）の階層性について学習する

○2. では，イギリスの都市計画制度を特徴づけるプランニング方式について学習する。

○3. では，イギリスの小売商業の開発や立地の方向性を規定するタウンセンターファースト政策について学習する。

1.　イギリスの都市構造と中心市街地

（1）イギリスの都市構造

　イギリスでは，フランスにみられるような小売商業の立地を直接的に規制する法制度を有しておらず，土地利用規制の枠組みの中で小売商業の開発や立地の可否が判断されている。したがって，イギリスの流通政策における大きな課題は，都市構造の中に小売商業をどのように誘導して配置していくのかという点にある。

　イギリスの都市政策ないし小売商業政策の仕組みを容易に理解するために，最初に，イギリスの基本的な都市構造と中心市街地（センター）の階層性を確認しておくことが有益であろう[1]。図8-1はその概念図を示したものである。

①タウン（town）

　都市最大の核である**シティセンター**(city centre)ないし**タウンセンター**(town centre)，それに連接するインナーシティ（inner city），比較的古く開発された

図8-1　イギリスの都市計画概念図

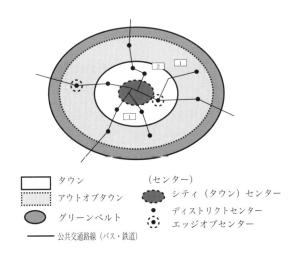

	タウン		（センター）
	アウトオブタウン		シティ（タウン）センター
	グリーンベルト		ディストリクトセンター
			エッジオブセンター
	公共交通路線（バス・鉄道）		

1. ブラウンフィールド　2. エッジオブタウン
出所：伊東（2011），p.13

郊外（suburbs），この3地帯からなる範囲である。

②アウトオブタウン（out-of-town）

タウンより外側の地帯である。一部に都市的土地利用を含む郊外地域と解される空間もあるが，その主たるところは農地，草地，森林にあたるグリーンフィールド（green field）ないしオープンカントリーサイド（open country side）と呼ばれる空間である。

③グリーンベルト（green belt）

規模の大きな都市において，アウトオブタウンの外周部に都市域の拡散を防止する目的で配された地帯である。

④ブラウンフィールド（brown field）

工場や倉庫などの跡地であり，土地の再利用がなく放棄され荒廃した場所である。タウン内，特にインナーシティ内に多くみられる。自動車交通に適した主要幹線道路の沿線に位置している。

⑤エッジオブタウン（edge-of-town）

タウンとアウトオブタウンの境界付近である。通常は農業用地で，主要幹線道路に近接している。

（2）センター（中心市街地）

センター（centre）は，都市計画において小売商業の立地・開発を促進する計画空間である。どの場所をセンターとして指定するかについては地方自治体が関係者との協議のうえで決定し，地方自治体は指定されたセンターを維持・発展させる義務を負っている（根田 2016, p.28）。センター以外のところは，原則として小売商業の立地を認めない区域であり，**アウトオブセンター**（out-of-centre）と呼ばれている。

計画地域としてのセンターは，次の4つに類型化されている。都市における歴史的核としてのシティセンター（あるいはタウンセンター）を頂点として，その配下にコミュニティの社会的・経済的核としての複数の**ディストリクトセンター**，さらにその配下に複数の**ローカルセンター**が配置され，集積度や規模によって階層性がつけられている（横森 2015, p.70）。

①シティセンター（city centre，大規模中心市街地）

　都市計画における最上位の小売商業地区である。大都市に存在し，市街地の規模がきわめて大きく，都市全体もしくは都市域を超えるほどの広域な商圏を有している。原則として，1都市に1地区だけ指定される。

②タウンセンター（town centre，中心市街地）

　シティセンターの次に位置づけられる小売商業地区である。通常規模の地方自治体における中心市街地がこれにあたる。買回品と専門品を販売する200店以上の店舗で構成される。

③ディストリクトセンター（district centre，地域中心地）

　都市内における中規模の商圏の小売商業地区である。最寄品と買回品を販売する100店以上の店舗で構成され，最低1つのスーパーマーケットあるいはスーパーストアがある。銀行などの金融機関，レストラン，図書館などの公共施設も存在する。

④ローカルセンター（local centre，近隣中心地）

　徒歩圏内の商圏の小売商業地区である。周辺で暮らす地域住民の基礎的需要に応える20店〜40店の店舗で構成される。小規模スーパーマーケット，薬局，簡易郵便局，コンビニエンスストアなどがある。

2．イギリスの小売商業政策と都市計画制度

（1）小売商業政策の理念

　既に述べたように，イギリスの小売商業政策は，都市政策の一環として位置づけられており，都市計画における土地利用規制の枠組みの中で小売開発が決定されている。伊藤によれば，イギリスの都市計画における小売立地政策では，次のような伝統的考え方が存在する（伊藤 1994, p.185）。すなわち，都市の外延化に伴っていくつかの新規の小売商業集積を形成する際は，それぞれが規模・機能を異にする諸階層からなる一定の体系を形成し，かつ，その体系は既存の小売集積体系を崩すものであってはならないという考え方である。

　また，イギリスでは小売開発申請に対する可否判断の基準は，産業政策的意味

合いよりも，社会政策的意味合いが大きいという特徴がある（伊東 2011,p.10）。小売商業者間の調整や特定の小売商業者の保護・育成よりも，国民の生活権に基づく公共の利益という観点が重視されているのである。あらゆる階層の国民は，日常生活を営むうえで必須の行為である食料品などの購買について，利便性のある買い物環境を享受する権利がある。中央政府や地方自治体の立場からいえば，社会的弱者でも社会インフラとしての小売商業の地域的ネットワークに容易にアクセスできる状態を構築・維持する責任を負っている。

(2) プランニング方式の制度化

　戦後におけるイギリスの都市政策（小売商業政策）を規定してきたのは，1947年に制定された**都市・農村計画法**（Town and Country Planning Act）に基づく**開発計画**（development plan）と**開発規制**（development control）である（真部 2006, pp.257-259）。前者の開発計画は，同法で新たに導入された制度であり，土地利用計画を柱とした都市の開発・整備に関する地方自治体の基本方針を示すものである。この制度によって地方自治体は土地利用に関して一定の裁量の幅をもつことになり，このことはイギリスの都市計画がゾーニング方式から**プランニング方式**に転換したことを意味している。一方で，後者の開発規制では，新規の小売開発に対する義務的申請制とその事前チェックによる許可制となった。つまり，事後的であった戦前の開発規制から，戦後のそれは事前的なものに転換したのである。プランニング方式および事前的な開発許可という2つの制度面の変更は，戦後イギリスの都市計画制度が明らかに規制強化の方向に向かったことを示している（真部 2006, p.258）。

　1968年になると，開発計画は，従来の1段階的なプランから，抽象的な戦略を示す**基本計画**（structure plan）と具体的な詳細計画を示す**地方実施計画**（local plan）からなる2段階プランとなった。基本計画は，カウンティ（県）レベルで策定され，都市計画の基本方針と全般的提案が述べられる。地方実施計画は，個別の地区の開発計画であり，ディストリクト（市町村）レベルで策定される。これらの策定にあたっては住民参加が制度化されている。（真部 2006, pp.262-263）。

　都市計画における制度面の改革は，現実の小売商業政策にどのような影響をもたらしたのであろうか。1970 年代までの動きについてみていこう。この時期の小売商業政策の特徴は，カウンティレベルで策定される基本計画によって，原則としてアウトオブセンターの小売開発を規制して，シティセンターあるいはタウンセンターの再開発・再生を推進したことにある。歩行者専用道路の設置，小売商業施設の近代化，小売商業地区の集約化など，広域的中心地としてのシティセンター（タウンセンター）の位置づけと，それを存続・強化する仕組みがこの時期にほぼ確立したといえる（伊東 2016,pp.58-60）。シティセンター（タウンセンター）を頂点とした都市の機能的な階層構造が設定されて，その中に小売業を不可欠な都市機能として位置づけるという伝統的な枠組みが理論的に定着したのである[2]（渡辺 2019, p.20）。

(3) プランニング方式の形骸化

　1979 年に新自由主義を標榜する**サッチャー政権**（1979 年〜 1991 年）が誕生すると，都市計画に関する政策の基軸は，計画主導から開発促進へと大きく転換した。政策転換の背景には，当時のイギリスが抱えていた諸問題，すなわち肥大化した政府組織，逼迫した財政状況，経済の長期低迷などがあったことはいうまでもない。民間活力による経済効率性の追求という基本方針は，小売商業政策の分野においても例外ではなかった。サッチャー政権は，従来では許可されなかったエリアにおける小売開発を積極的に許可するなど，都市開発に関する伝統的枠組み（プランニング方式）の全面的な規制緩和を進めた。具体的には，開発の申請者が中央政府に異議申し立てをする制度（アピール）や，中央政府が申請案件をとりあげて自ら審査に乗り出す制度（コールイン）などを活用して，アウトオブタウンへの大規模小売開発を積極的に推進したのである（渡辺 2019, p.21）。

　サッチャー政権による小売開発の考え方を示すのが 1988 年に出された**PPG6**（Major Retail Development, 大規模小売開発）である。**PPG**（Planning Policy Guidance Note, 計画指導要綱）は，イギリスの都市計画の政策方針を示したもので，地方自治体が都市計画の方針を立案し，法を運用する際の心構

えのようなものを記述したものである（真部 2006, p.269）。このうち小売商業にもっとも関係の深いものが PPG6 であり，このなかで大規模小売業者の出店規制を緩和する（つまり，大規模小売開発を促進する）姿勢が打ち出された。PPG6 は，アウトオブタウンにおける大規模開発が，近隣のタウンセンター全体の「活力と存続」（vitality and viability）への「深刻な影響」がある場合を除いて，既存の小売システムに対する競争的効果を考慮すべきでないと述べている（渡辺 2019, p.21）。だが，地方の計画機関には，タウンセンターの「活力と存続」やタウンセンターへの「深刻な影響」については何らかのガイダンスも与えられなかった（前田 1998, pp.67-70）。アウトオブタウンでの開発についてあいまいな態度を示すことで，スーパーマーケット等の出店を実質的に容認する姿勢が示されたのである（渡辺 2019, p.21, 伊東 2011, p.103）。

　サッチャー政権下で進められた規制緩和は，投資対象として魅力が少ないと判断されたシティセンター（タウンセンター）への民間投資を減退させるとともに，アウトオブセンターでの大規模ショッピングセンターの開発を促進させ，結果的に，シティセンター（タウンセンター）の多くが停滞・衰退を深刻化させていったのである [3]（伊東 2016, pp.64-65）。

3.　タウンセンターファースト政策

（1）プランニング方式への回帰

　サッチャー政権を引き継いだ**メージャー政権**（1991 年〜 1997 年）は，1993年と 1996 年の 2 度にわたって PPG6 を改定している。1993 年の**改定 PPG6**（Town Centres and Retail Developments, タウンセンターと小売開発）では，タウンセンターにおける小売商業の役割を積極的に評価し，アウトオブセンターの開発についてもタウンセンターの活力と存続を損なわない限りで促進し，消費者が多様なタイプの小売商業にアクセスできるように配慮すべきことを示している。そして，1996 年の**再改定 PPG6** では，タウンセンターファーストという考え方を導入するとともに，小売開発の前提として，公共交通，徒歩，自転車などの持続可能な交通手段でのアクセス可能性の確保という条件を示している [4]。

　PPG6 の改定・再改定からわかるのは，アウトオブセンターでの開発が容認されているものの，それはどちらかといえば消極的なものであり，より積極的にはタウンセンターの再生や活性化に政策の重心が移っていることである。サッチャー政権における行き過ぎた規制緩和（アウトオブセンターでの小売開発）に歯止めをかけようとする意向がみてとれる。ここでのキーワードである**タウンセンターファースト**とは，後述するように，新規の小売開発は既存のセンターを優先するという考え方である。1990 年代に入ってからの小売商業政策は，センターで果たしている小売商業の機能を再評価したという意味で，サッチャー政権以前のプランニング方式に回帰したといってよいだろう。小売商業政策におけるプランニング方式は，1997 年に誕生した労働党政権（1997 年〜2010 年）をはじめとして，それ以降の連立政権や保守党政権でも継承されている。

（2）タウンセンターファースト政策

　タウンセンターファースト政策は，タウンセンター（シティセンター）を維持・強化するだけでなく，ローカルセンター，ディストリクトセンター，タウンセンター（シティセンター）からなるセンターの階層構造を維持・強化する政策である（根田 2016, p.46）。上述したように，**タウンセンターファースト**政策は，イギリスの 2 大政党である保守党と労働党に共通して掲げられている。タウンセンターファーストが正式に導入されたのは保守党のメージャー政権であるが，1997 年に労働党の**ブレア政権**に移行するとその内容がより強化され[5]，その後に成立した各政権も都市計画における基本政策と位置づけている（横森2015,p.71）。

　アウトオブセンターでの新たな小売商業開発が申請された際には，地方自治体は，必要性の評価（need test），連続的アプローチ（sequential approach），影響評価（impact assessments）を行う必要があり，そのどれかが不適であると判断された場合，その開発は許可されない（根田 2016, pp.29-30）。**必要性の評価**は，開発計画の期間中に必要となる（開発できる）小売店舗面積とその配置パターンを示すものであり，地方自治体が実施する。**影響評価**は，新規小売

開発がその商圏内にあるセンターに甚大な悪影響を及ぼさないこと，さらにそれが環境に重大な悪影響を及ぼさないことを証明するものである。

連続的アプローチでは，センターにおける小売商業集積の活力や繁栄を維持するために，大型商業施設などの立地場所を既存のセンターに限定すべきであることが決められている。いわばタウンセンターファースト政策の要といえるツールである。開発用地を選定する地方自治体と開発申請者は，センターから離れた場所での新規開発を考える場合には，その前に，あらゆるセンター内でのオプションの可能性を徹底的に評価したことを証明しなければならない（横森 2015, pp.70-71）。大型店などの立地場所の第一優先順位は，その開発に適した用地および転用に適した建物があるシティセンターないしタウンセンターである。これに次ぐのが，その周辺部の土地（センターから徒歩圏内）となる。そして，その次が，ディストリクトセンターおよびローカルセンターであり，ようやく最後にアウトオブセンターの土地となる。ただしその場合は，公共交通を含む多様な交通手段によってアクセスできる場所でなければならないとう厳しい条件がつけられている。

注

1) 以下，イギリスの都市構造と中心市街地に関する論述は，伊東（2011）による。
2) この理論的想定にもかかわらず，現実には，戦後から1970年代後半にかけて，狭隘で混雑するタウンセンターから仕事と人口が流出し，アウトオブセンターへのスプロール的開発やリボン状開発が進展し，タウンセンターの衰退が深刻化していった（渡辺 2019, pp.20-21）。
3) シティセンター（タウンセンター）を頂点とする都市小売商業の階層構造の崩壊，分散化は，1960年代以降のアウトオブタウンにおけるスーパーマーケットの成長とともに徐々に進んできていたが，サッチャー政権による規制緩和政策がそれに拍車をかけた（渡辺 2019, p.21）。
4) 以上, 1993年改定PPG6と1996年再改定PPG6については, 渡辺（2019）による。
5) 2005年にPPS6 (Planning Policy Statement 6 : Planning for Town Centres), 2009年にPPS4 (Planning Policy Statement 4 : Planning for Sustainable Economic Growth)。なお, PPS6はPPS4に統合されている（横森 2015, p.71）。

参考文献

1)　足立 基浩（2013）『イギリスに学ぶ商店街再生計画』ミネルヴァ書房
2)　伊東 理（2011）『イギリスの小売商業　政策・開発・都市』関西大学出版部
3)　伊東 理（2016）「イギリス中心市街地の開発・再生の歴史－第二次世界大戦後以降のシティセンターの展開」根田 克彦編『まちづくりのための中心市街地活性化－イギリスと日本の実証研究』古今書院
4)　伊藤 公一（1994）「イギリスにおける小売立地政策」大内 秀明・清成 忠男・伊藤 公一・前田 壽・樋口 兼次・五十嵐 敬喜『まちづくりのシナリオ』日本経済評論社
5)　根田 克彦（2016）「イギリスにおける大型店の立地規制」根田 克彦編『まちづくりのための中心市街地活性化－イギリスと日本の実証研究』古今書院
6)　前田 重朗（1998）「イギリスにおける都市計画と小売開発」大阪市立大学『季刊経済研究』第21巻第3号
7)　真部 和義（2006）「イギリスの小売商業政策」加藤 義忠・佐々木 保幸・真部 和義『小売商業政策の展開〔改訂版〕』同文舘
8)　横森 豊雄（2015）「中心市街地活性化と商店街再生－イギリスに学ぶコンパクトなまちづくり」流通システム開発センター『流通とシステム』No.161
9)　渡辺 達朗（2019）「イギリスにおける都市再生の思想・政策・取組み」『マーケティングジャーナル』Vol.38，No.3

第９章

流通政策の国際比較

本章の構成
第１節　流通政策の国際比較の意義
第２節　流通政策の２つのタイプ
第３節　欧米の流通政策

| 本章のポイント |

　本章では第１に，資本主義の下で，流通に対する公共政策（流通政策）が実施されるメカニズムや流通政策の２つのタイプについて概観する。第２に，大型店に対する出店規制政策を中心に，諸外国で行われている流通政策の多様性を学ぶ。その際，第１にあげた流通政策の２つのタイプの観点をふまえて理解する。第３に，諸外国の流通政策を学ぶことによって，日本の流通および流通政策の特質や方向性について考える。以上を通して，資本主義の発展したいずれの国においても，何らかの流通政策が施行されていることを理解する。

○第１節では，流通政策を国際比較する意義や留意すべき点等について解説する。

○第２節では，流通政策の２つのタイプについて，流通過程の内部と外部に注目する観点から説明する。

○第３節では，第２節で明らかにした観点から，フランスとイギリス，ドイツ，アメリカの流通政策を概観する。

第1節　流通政策の国際比較の意義

1.　流通の国際比較

　ここまで，流通政策の歴史や内容について説明されてきたが，流通政策のあり方や有効性をいっそう深く学ぶには，諸外国の流通政策を比較検討することが重要となる。そして，流通政策のみならず流通に関する国際比較（**比較流通**）は，さまざまな国の流通を比較することによって，国家間の流通システムの差異性や同質性を見出し，それらがどのような経済・社会的状況の下で生み出されるかを明らかにするために進められる（田島・宮下・青木 1985, p.2）。

　このような比較流通を多国間レベルで行うことによって，自国の流通の発展水準を相対的に位置づけることができるほか，経済発展と流通の進化との関連について理解したり，多様な流通機関とりわけ小売業態の発展について学んだりすることができる。

2.　流通政策の国際比較の意義

　そして，諸外国の流通政策を比較し，各国間における政策の差異性や同質性を認識することは，次のような意義を有する。

　第1に，流通政策の多様性を理解することができる。発展した資本主義国であっても，流通政策は一律に適用されるわけではなく，各国に固有の方法で実施される。同様の流通問題を抱えていても，各国の社会経済的な個別事情を背景に，流通政策は多様な理念，施策によって実行されるのである。

　第2に，流通政策の国際比較を通して，わが国の流通政策や流通システムの特質をいっそう明らかにし，わが国の流通政策を国際的水準のうえに位置づけることができる。例えば，これまでわが国では，欧米諸国と比べて「流通の発展の遅れ」や流通政策の保護主義的側面が指摘されてきたが，諸外国の流通政策や流通システムを比較検討することによって，そのような指摘に対して検証を加えることができる。

　第 3 に，各国の流通政策から学ぶべき点を取り入れ，現在の流通政策を評価
し，また今後の流通政策のあるべき姿を描く際に生かすことができる。わが国
では，1980 年代後半から流通規制緩和が進められ，現在では大型店に対する
経済的規制としての出店規制は行われていない。この流通規制緩和の推進も，
ヨーロッパ諸国の流通政策の動向を学ぶことによって，その是非を検討するこ
とができるのである。

　諸外国の流通政策を比較する意義は以上のとおりであるが，次に流通政策を
国際比較する際の視角を示す。

　第 1 に，比較対象国の経済や社会の発展状況を把握しなければならない。そ
の場合，対象国の資本主義発展の水準はもちろん，生産構造や消費構造，そし
て流通構造の変化を具体的に考察することが重要である。さらに，社会的な変
化を捉えることも必要となる。これらはすべて，流通政策の形成やその運用の
変化を促す要因となるものだからである。

　第 2 に，政策主体なかでも政府の姿勢を理解しなければならない。流通政策
の方向は，政策の遂行にあたる政府の態度によって大きく左右される。端的に
は，政策主体である政府の姿勢いかんによって，現実の流通政策は大企業本位
にもなるし，国民の立場に立つものにもなりうる。また，小売業や流通システ
ム，経済全般をどのような方向に誘導していくのかといった政策理念によって
も，流通政策は異なったものとなる。

　第 3 に，政策形成やその運用への政策対象，例えば大型店や中小小売業への
作用を考慮しなければならない。大型店問題を例にとると，まず大型店出店規
制政策やその強化を求める中小小売業者の組織化の状況およびその運動の強弱
によって，出店規制政策の内容等が異なってくる。また，規制の撤廃ないし緩
和を要求する大型店側の動向等も，出店規制政策のあり方に影響を及ぼす。こ
のような利益集団の政治的力量を，政策形成およびその変化の過程に位置づけ
ることも重要である。

　このように，諸外国の流通政策を国際比較するには，政治経済学的アプロー
チが不可欠なのである。

3. 流通政策を国際比較する際の注意点

　各国の流通政策を比較するに際して，いくつかの課題も存在している。その最大のものが，**比較可能性の問題**である。流通にかかわらず国際比較を行う場合，そもそも地理的・文化的・経済的・社会的に異なる国を比較することができるのかといった根本的な問題が存在するが，流通の国際比較を行う場合，次のような困難性が生じる。

　それは，統計データにかかわる問題である。まず，流通や商業に関する基礎的統計データの入手が容易ではない。そして，そのデータの調査基準や方法等の相違から，それらを各国間で比較することが困難となる。さらに，調査基準や方法の変更に基づく時系列データの不連続性といった問題もある（相原1984，pp.160-161）。

　このような問題が存在する以上，流通政策あるいは流通システムの国際比較は，厳密なものとはなりえない。しかしながら，できる限り各国の統計データに時系列的な連続性をもたせたり，各国間で比較可能な範囲に加工したりすることによって，一定程度の比較は可能となる。

4. 流通政策と消費者利益

　流通政策の内容は，大型店の出店規制を主な内容とする**流通調整政策**のほか，**流通振興政策**（流通近代化政策，中小小売商業振興政策，物流効率化政策）や**流通競争政策**（独占禁止政策）など経済政策的領域に位置するものに加えて，都市政策や環境政策につながるものまで多岐に及ぶ。したがって，流通政策と消費者利益との関係を論ずるには，多方面からのアプローチが必要となるが，ここでは，流通調整政策に限定して説明する。

　流通調整政策の有無や方法，運用の強弱によって，大型店の出店は相当程度影響を受ける。大型店の出店と消費者利益の関連は，おおむね①価格面，②店舗選択面，③商品選択面の3つに集約される。一般的に，大型店の出店増加はこれら3つの側面で，消費者利益を向上させるといわれるが，中長期的にみた場合，消費者利益を減少させることもある。例えば，後述するイギリスの場合，

大型店の出店活動に対する規制は直接的には行われていない。その結果，イギリスでは，小売販売額の大規模小売商への上位集中化が過度に進んでいる（真部 2006, pp.182-189）。イギリスの研究者によれば，過度の集中が商品の販売価格を上昇させているという研究成果もある。反対に，大型店の出店活動を直接的に行うフランスでは，ハイパーマーケットの出店がある程度抑制されてきた。これによって，消費者は相対的に高い価格での商品購入を余儀なくされているという議論もある（佐々木 2011, p.52）。

　このように，流通調整政策を含む流通政策と消費者利益の関連は，短絡的に論じることができないのである。そこで重要となるのは，諸外国とりわけ先進資本主義国の流通政策を比較検討し，消費者利益を中長期的かつ多面的に把握していくことである。

　それでは次に，諸外国の流通政策を比較検討する際に有効となる，流通政策を2つの視点から理解する方法をみていこう。

第2節　流通政策の2つのタイプ

1. 資本主義経済と流通政策の展開

　流通政策とは，流通過程を対象とする公共政策である。その主体は国家や地方自治体であり，流通政策とは，これら公的機関が流通過程に対して介入あるいは干渉を行うことである。このような流通過程への公的介入は，資本主義が独占段階に入ってから本格的に行われるようになった。

　資本主義の自由競争段階では，国家は経済活動に対して基本的には自由放任の姿勢をとっていたといってよい。国家の流通への介入も，売買の自由という流通の形式的枠組みを維持したり，流通の一般的基盤を整備したりすることを通して，資本主義体制を保持することに主眼がおかれていた（加藤 1986, p.136）。

　しかし，資本主義が自由競争段階から独占段階に移行するのに伴い，国家の流通への介入も流通の外形的枠組みを整備するだけでなく，流通活動の中味への干渉へとその比重を移すようになる（加藤 1986, pp.140-141）。というのも，

高度に発達した資本主義の下では，生産と消費の矛盾すなわち市場問題が激化するが，この市場問題への公的対応が求められるようになるからである。国家は，国内外市場の開発・深耕による内包的拡大を行ったり，戦争や後進国開発を通じての市場の外延的拡大を図ったりして，市場問題を緩和しようとする。このように，資本主義の独占段階においては，市場問題の激化を背景にして流通政策が，流通活動の中味にも踏み込んで，恒常的かつ強力に行われるようになるのである。

2. 流通政策の2つのタイプ

　流通政策，言い換えると，国家の流通過程への介入は，大別して，**流通の外的形式面への介入**と**流通の内的活動面への介入**とに区分できる。前者は，私的所有に基づく売買の自由という流通の外的形式的枠組みを保持したり，流通過程の一般的な基盤を整備したりすることを主な内容とする。具体的には，独占禁止政策や物流基盤の整備，都市開発，商業立地基盤の整備などを通じて展開される（加藤 1986, p.138）。後者は，国家による国内外市場の創出あるいは商業活動への介入として行われる。商業活動への国家的介入は，大規模小売商と中小小売商との間の摩擦の緩和，中小小売商の振興という2つを通して実行される。

　このように，流通政策は流通や商業の活動に直接関与するものと，いわばその外枠を整備するものとによって構成されるのである。そして，流通政策の国際比較はこの2つのタイプを中心に，整理し検討することができる。国家の流通過程への介入のうち，流通の外的形式面への介入形態を代表するのがイギリスの「都市・農村計画法」であり，流通の内的活動面への介入形態の代表例がフランスで施行されていた「ラファラン法」（商業手工業の振興・発展に関する法律，旧「ロワイエ法」）であるといえる。

　イギリスでは「都市・農村計画法」の下で，市場競争原理を重視し，流通活動の内面への介入が控えられ，小売商業政策は主に都市政策の枠内で講じられている。これに対して，フランスでは「ロワイエ法」を有し，都市政策との連

表 9-1　欧米諸国における大型店出店調整内容の比較

	フランス	ベルギー	ドイツ	イギリス	アメリカ
根　拠　法	「ロワイエ法」（「ラファラン法」）（商業・手工業基本法）	「商業活動調整法」（1975 年 6 月 29 日法）	「建築利用令」（連邦建設法の施行令）	＊直接規制する法律はない＊「都市・農村計画法」による開発行為の許可	＊連邦法はない＊いくつかの州法が都市計画の観点から規制
制　定　年	1973 年（1996 年）	1975 年	1962 年	1947 年	
規制の目的	＊中小小売商の保護＊業態間競争の維持＊都市計画との整合	＊大型店の規制＊都市計画との整合	＊都市計画との整合（中小小売商の保護は含まれていない）	＊スプロール化の阻止＊街の中心地衰退の阻止	＊住民の安全・健康・倫理・福祉（環境・交通・景観）
規制の対象	●店舗の新設　売り場面積300㎡超●店舗の増築●店舗の改築	●店舗の新設＊ゾーン 1（人口密集地）床面積3,000㎡超または売り場面積1,500㎡＊ゾーン 2（その他の増減）床面積1,000㎡超または売り場面積750㎡超	●小売店舗の新設＊床面積1,200㎡以上売り場面積800㎡以上●現金持帰り卸売業の店舗（消費者への販売比較10% 以上）	＊小売開発を含むすべての開発行為＊郊外型大型店（政府の通達による自治体の指導）	＊大規模小売施設は許される地区のみで開発が可能＊ゾーニング変更（リゾーニングは可能）
規制の方法	建築の許可	●店舗の増改築建築の許可	出店地区の制限「中心地区」と「ショッピング・センターおよび大型店地区」のみ	都市計画による立地制限	ゾーニング条例による土地の用途の規制
決定の主体	①「商業都市計画県委員会」＊決定に不服の場合は②「商業都市計画国家委員会」	①「社会経済国家委員会」＊却下されれば上訴できない②「商業関係者県委員会」③市委員会＊②③の決定に不服の場合は④「商業関係者国家委員会」⑤「関係大臣委員会」	市町村議会	①地方自治体（県と市）＊上訴できる②環境大臣	①地方自治体当局（郡・市町村）ゾーニング委員会，公聴会，地方議会，自治体の首長②裁判所に上訴できる

出所：鈴木・関根・矢作編（1997），p.153 に加筆修正

携を重視しながら，商業活動への直接的な介入が行われてきた。先進資本主義
国では，このいずれかの方法を採用することによって，大規模小売業の出店活
動に対して何らかの規制が実施されている（表9-1）。

　都市計画の範囲内で大規模小売商の出店活動を規制する「イギリス型」の方
法は，ゾーニング（土地の利用規制）の観点も含めると，アメリカやドイツで
もみられる。大規模小売商の出店活動を直接規制する「フランス型」の政策は，
イタリアやベルギーで行われている。ヨーロッパ諸国では，小売業の営業時間
規制も実施されており，大規模小売業の事業活動に対する規制は，相対的に厳
しいといえる。比較的，大規模小売業の事業活動に対する規制が緩やかとおも
われるアメリカでも，州レベルでは厳しいゾーニング制度を有している。

　それでは，流通活動に対して直接的に規制を行うフランスの流通政策を説明
し，その後，流通活動に対する直接的な規制を行わないイギリス，ドイツ，ア
メリカの流通政策を大型店に対する出店規制政策（流通調整政策）を中心にみ
ていこう。

第3節　欧米の流通政策

1.　フランス

　戦前には百貨店に対する規制等が若干存在したが，フランスで流通政策が本
格的に行われるようになるのは，戦後の経済成長期以降のことである。1949
年以後の経済成長期を通じて，フランスでは商業を取り巻く環境変化が大きく
進んだ。国内における諸変化やEC（ヨーロッパ共同体）の結成，アメリカ資本
の参入といった諸問題に対応するために，1960年代に入って，流通の近代化
が政策課題として取り上げられるようになった（佐々木 2011, pp.21-23）。

　同時期に，新しい小売形態（業態）であるハイパーマーケットが急成長し，
中小零細小売商が商店数を減少させる等，フランスの小売商業構造は大きく変
化した。流通の近代化と同時に，中小小売商業問題が政策対象化されることと
なった。

　流通近代化と中小小売商業保護を目的とする流通調整政策が，1973 年に制定された「商業・手工業基本法」（担当大臣の名を冠して，通称**ロワイエ法**と呼ばれる）によって実行されるようになった。同法は，フランスにおける積年の課題であった，中小零細小売商に対する社会保障制度問題や若年層の失業問題に対処する側面を有している。それゆえ，同法は都市計画制度と連動した大型店の出店規制のみならず，中小小売商業振興政策や独占禁止政策，さらには社会保障制度，職業訓練等も兼ね備えた総合的な法体系をとっている（佐々木 2011，pp.37-39）。

　大型店の出店活動に関しては，まず県レベルの審査委員会で出店の是非をめぐって審査が行われ，許可あるいは不許可の裁定が下される。すなわち，許可制を採用している。出店却下裁定が下された場合，不服のある企業は大臣に対して不服申し立てを行い，国家レベルで再審査が行われる。同法の運用上の特徴は，ハイパーマーケットに対して比較的厳しい裁定を行ってきた点にある。大型店を一律に規制にするのではなく，業態または企業（例えば，カルフールに対する裁定は厳しい）に応じて柔軟に対応している点も注目される（佐々木 2011，pp.46-49）。

　また，同法の運用は法施行当初は厳しかったが，1980 年代後半に規制緩和が進んだ。その結果，1990 年代には大型店の出店活動が活発化し，中小零細小売業がいっそう衰退するようになった。

　このような状況に応じて，同法は 1980 年代後半以降，数度にわたって改正されたり，政令やアレテによって補強されたりしてきた。その集大成が，1996 年に制定された「商業手工業の振興・発展に関する法律」（**ラファラン法**）であった。ラファラン法では，売り場面積 300 平方メートル以上の店舗の新設等が規制対象にされると同時に，店舗面積 6,000 平方メートル以上の案件に対して別規定を設ける等，大型店の出店活動に対する規制が大幅に強化された（田中 2007，p.69）。これには，流通機構の多様性を確保するとともに，相対的過剰人口のプールとして中小零細小売商の存在を重視するフランス流通政策の特質が反映されていたのである。

　ただし，ラファラン法の運用も 90 年代の終わりには緩やかになり，フランスでは，カルフールなど大規模小売業の地位の上昇が進んでいる。EU（ヨーロッパ連合）における公共政策間の調整にも迫られ，**経済近代化法**（LME）が 2008 年に制定されることとなった。同法は，フランス経済の成長を促進するよう市場競争を重視した内容になっている（三浦 2010, pp.110-114）。

　なお，フランスでは，「政府に法の簡素化を授権する 2003 年 7 月 2 日の法律第 2003-591 号」が制定され，ラファラン法などの流通関連法も商法典にまとめられた。

2. イギリス

　イギリスでは出店規制，営業時間規制，競争の維持・促進の 3 つの側面から流通政策が行われている。出店規制は「**1990 年都市・農村計画法**」（Town and Country Planning Act 1990）で，営業時間規制は「**1994 年日曜営業法**」（Sunday Trading Act 1994），競争政策は「**2002 年企業法**」（Enterprise Act 2002）に基づいて行われている（真部 2006, p.190-191）。このなかで，小売業の出店規制政策に関連する領域について説明する。

　産業革命をへて，いち早く資本主義化をとげたイギリスでは，同時に都市労働者の衛生問題や住宅問題などを 19 世紀から抱えていた。それゆえ，20 世紀初頭から都市計画に対応する法制度が整えられ，1925 年には「都市計画法」が成立した。そして，同法における「開発計画」を事前に規制できるようにした「都市・農村計画法」が，1947 年に成立した。

　同法制定後の 1950 年代に，イギリスの小売商業構造は大きく変化した。スーパーマーケットが急激に成長し，独立の中小小売商の経営が圧迫されたのである。タウンセンターにおけるショッピングセンターの建設促進は，このような状況に拍車をかけていた。しかしながら，イギリスでは 1970 年代まで，小売業とりわけ大規模小売業の出店問題が政策課題となることはなかった。

　1960 年代末と 1970 年代初頭の都市・農村計画法の改正によって，ようやく小売業と都市計画との関連が取り上げられるようになったが，1980 年代中

頃になると商業施設の郊外建設が増加するとともに，都市計画による土地利用
規制もサッチャー政権下で規制緩和が進められた。サッチャー政権は，1988
年に従前の DCPN（Development Control Policy Note）を改め，**PPG6**（Planning
Policy Guidance Note 6）をまとめ（真部 2006, pp.190-191），小売業や開発計画，
消費者行動の変化に対応すべく，新しい小売開発を促進する方向を示した。

　その結果，イギリスでは 1980 年代後半以降，郊外地域での小売業の開発が
増大し，中心市街地の衰退が目立つようになった。それゆえ，PPG6 は 1993
年と 1996 年に改定され，タウンセンターすなわち中心市街地における小売開
発を促進し，小売業の郊外における開発を抑制するようになった。

　しかしながら，このことがイギリスの流通政策を根本的に変化させたわけで
はなく，また大規模小売業者による新たな業態開発を誘発することにもなり（例
えば，テスコの都市型スーパー「メトロ」の開発など），1990 年代後半以降のイギ
リスでは，小売業の売上高上位集中化が過度に進行するような事態を引き起こ
している。

　営業時間規制政策の変化も，同様の効果をもたらした。「1950 年商店法」
を改定し，「**1994 年日曜営業法**」が制定されたが，同法に基づいて，売り場
面積 280 平方メートル以上の小売店が，それまで禁止されていた日曜営業を
6 時間（午前 10 時〜午後 6 時の間）に限り認められることとなった（岩下 2007,
pp.102-104）。同 280 平方メートル未満の小売店の日曜営業は，原則自由である。
この改定によって，イギリスでは大規模小売業者による小型店舗開発（例えば，
コンビニエンスストア）が本格化した。

3.　ドイツ

　ドイツの流通政策も，イギリス同様に，大型店の出店規制を都市計画の一環
として行っており，同時に日曜営業や営業時間も「閉店法」（1956 年制定）に
基づいて規制している。

　ドイツでは，「連邦建設法」（1960 年）を受け継いだ「**建設法典**」（1986 年制定）
を基礎にして，市町村レベルで「建設基本計画」が設定され，土地利用計画（F

プラン）と地区詳細計画（Bプラン）が作成される（横森 2002, pp.76-80）。用途規制については，連邦「**建築利用令**」（1962 年制定，1968 年，1977 年，1986年，1990 年改正）に示される（阿部 2001, p.17）。Fプランはいわゆるマスタープランに相当し，Bプランによって土地利用に関する用途区分が具体化される。例えば，大型店やショッピングセンターは，当該地域のBプランに定められた特定の「地区」にしか建設が認められない。

　ドイツでは，1960 年代にセルフサービス百貨店に代表される新興小売業が急成長し，独立中小小売業が激減するような構造変化を経験した。そのような状況も影響し，大型店の立地規制は 1970 年代後半から本格的に行われるようになった。その結果，一定程度大型店の出店は抑制されるようになったが，ドイツでも，大型店やショッピングセンターの建設は郊外地域が志向されるようになり，1980 年代後半には中心市街地の活性化が主要課題となった。具体的には，市町村レベルでBプランに該当しない地区（「連たん市街地」「外部区域」など）への大型店やショッピングセンターの建設が増加したのである。ドイツにおいても，今日，大型店の出店に関して，商店街など既存商業集積と相乗効果の図れる立地（統合型立地）が都市計画上重要視され，反対に郊外地域に単独出店する「孤立型立地」が批判されている（阿部 2001, pp.220-221）。

　次に，小売店の営業時間についてであるが，「**閉店法**」によって，平日は午前6時〜午後6時（土曜日は午後2時）とされ，日曜日は原則営業禁止とされているが，駅構内の店舗やガソリンスタンドなどは適用除外され，最近では規制の緩和が進められている。この政策を消費者利益との関連で評価すれば，消費者の利便性が損なわれると考えられるが，商業労働者の立場や地域生活との関連では，閉店法という流通政策の重要性は認められよう。この点はイギリスも同様である。

4.　アメリカ

　アメリカも大型店の出店活動に直接関与する政策を有さない点で，イギリスやドイツと同じ特徴をもつ。大型店の出店活動に関しては，**ゾーニング制度**に

沿って土地利用規制の枠内で行われる。しかも，このゾーニング制度は連邦レベルではなく，標準ゾーニングおよび標準都市計画に関する授権法に基づいて州政府や市町村（地方自治体）レベルで実行されている。

　個別の開発計画について，自治体はコミュニティの「健康・安全・モラルあるいは一般的福祉」を目的として開発許可に関する決定を下す（福川 1997, pp.40-41）。したがって，建前としては，大型店の出店を商業調整の側面から判断することはないが，実際は，当該地域の中心市街地商業に及ぼす影響を考慮して開発計画に不許可の結果が下されることもあり，近年その傾向が現れてきている。

　2000年代に入って，アメリカでは，ウォルマートやコストコなどの出店に対して，地域の環境や賃金水準などへの影響に加えて，地域商業に及ぼす影響を重視して，出店反対運動が高揚するケースが各地でみられる。実際，ウォルマートの出店などに対して，土地利用規制上認めないケースが増加している。ここで，重要な役割を果たすのが地域住民の態度である。アメリカでは，一連のゾーニング制度において，地域住民の果たす役割は大きい。例えば，ニューヨーク市では，**住民協議会**（Community Board）が制度上明確に位置づけられており，決定権限はもたないが，区長や市議会の判断に影響力を有している（福川 1997, pp.140-143）。また，住民投票によって，ウォルマートなどの出店を認めない方法も各地でとられている。

　さらに，「均質化店舗」（チェーン店）の立地規制や，店舗面積にCapを設けて基準店舗面積を超える建設計画を認めない方法を採用する自治体も存在する（原田 2008, pp.248-254, 矢作 2005, pp.100-104）。アメリカは経済活動に対する規制がほとんど行われていないと思われがちであるが，現実には，地域レベルで大型店の出店活動に対してさまざまな規制が実施されているのである。

参考文献

1) 相原 修（1984）「流通の国際比較」田島 義博編『流通のダイナミックス』誠文堂新光社

2) 阿部 成治（2001）『大型店とドイツのまちづくり』学芸出版社

3) 伊東 理（2011）『イギリスの小売商業 政策・開発・都市』関西大学出版部

4) 岩下 弘（2007）『イギリスと日本の流通政策』大月書店

5) 岡村 明達・片桐 誠士・保田 芳昭編（1984）『現代日本の流通政策』大月書店

6) 加藤 義忠（1986）『現代流通経済の基礎理論』同文舘出版

7) 加藤 義忠・佐々木 保幸・真部 和義（2006）『小売商業政策の展開』〔改訂版〕同文舘出版

8) 佐々木 保幸（2011）『現代フランスの小売商業政策と商業構造』同文舘出版

9) 白石 善章・田中 道雄・栗田 真樹編著（2003）『現代フランスの流通と社会』ミネルヴァ書房

10) 鈴木 安昭・関根 孝・矢作 敏行編（1997）『マテリアル流通と商業』〔第2版〕有斐閣

11) 田島 義博・宮下 正房・青木 幸弘（1985）「流通の国際比較の重要性と方法論」田島 義博・宮下 正房編『流通の国際比較』有斐閣

12) 田中 道雄（2007）『フランスの流通』中央経済社

13) 田中 道雄・白石 善章・相原 修編著（2015）『フランスの流通・政策・企業活動』中央経済社

14) バッツァー，E.・鈴木 武編（1985）『流通構造と流通政策』東洋経済新報社

15) 原田 英生（2008）『アメリカの大型店問題』有斐閣

16) 福川 裕一（1997）『ゾーニングとマスタープラン』学芸出版社

17) 前田 重朗（1998）「イギリスにおける都市計画と小売開発」大阪市立大学経済研究会『季刊経済研究』第21巻第3号

18) 真部和義（2006）「今日のイギリスの小売流通機構」加藤 義忠・佐々木 保幸編『現代流通機構の解明』税務経理協会

19) 三浦 敏（2010）「フランスの流通政策」田中 道雄・白石 善章・相原 修編『フランスの流通・都市・文化』中央経済社

20) 保田 芳昭編（1995）『日本と欧米の流通政策』大月書店

21) 矢作 弘（2005）『大型店とまちづくり』岩波新書

22) 横森 豊雄（2001）『英国の中心市街地活性化』同文舘出版

23) 横森 豊雄（2002）『流通の構造変動と課題』白桃書房

索　引

（た行）

執筆者紹介（執筆順。なお＊は編者）

岩永 忠康＊（いわなが ただやす）

　序章・第1・2章・第4章（第1節・第2節）・第6章執筆

　佐賀大学　名誉教授・博士（商学）

柳 純（やなぎ じゅん）

　第3章執筆

　下関市立大学経済学部　教授・博士（学術）

國﨑 歩（くにさき あゆみ）

　第4章（第3節）執筆

　九州共立大学経済学部　専任講師・博士（経済学）

真部 和義（まなべ かずよし）

　第5章執筆

　久留米大学商学部　教授

柳 偉達（りゅう いたつ）

　第7章（第1節）執筆

　近畿大学短期大学部商経科　准教授・博士（商学）

田村 善弘（たむら よしひろ）

　第7章（第2節）執筆

　長崎県立大学地域創造学部　准教授・博士（農学）

佐々木 保幸（ささき やすゆき）

　第8章（第1節）・第9章執筆

　関西大学経済学部　教授・博士（経済学）

西島 博樹＊（にしじま ひろき）

　第8章（第2節）執筆

　中村学園大学流通科学部　教授・博士（学術）

編者紹介

岩永 忠康（いわなが ただやす）

佐賀大学　名誉教授・博士（商学）

（主要業績）

単著『現代日本の流通政策』創成社（2004）

単著『マーケティング戦略論（増補改訂版）』五絃舎（2005）

単著『現代の商業論』五絃舎（2014）

他多数

西島 博樹（にしじま ひろき）

中村学園大学流通科学部　教授・博士（学術）

（主要業績）

単著『現代流通の構造と競争』同友館（2011）

共著『流通経済の動態と理論展開』同文舘（2017）

共著『〔増補改訂版〕地域活性化への試論──地域ブランドの視点─』五絃舎（2018）

他多数

現代流通政策

2020 年 9 月 20 日　第 1 刷発行

編　者：岩永 忠康・西島 博樹

発行者：長谷 雅春

発行所：株式会社五絃舎

　　　　〒 173-0025　東京都板橋区熊野町 46-7-402

　　　　Tel & Fax：03-3957-5587

　　　　e-mail：gogensya@db3.so-net.ne.jp

組　版：Office Five Strings

印　刷：モリモト印刷

ISBN978-4-86434-120-2

Printed in Japan　　ⓒ検印省略　2020